# FOULES RESSENTIMENTALES

Valentin Husson

# FOULES RESSENTIMENTALES

## PETITE PHILOSOPHIE DES TROLLS

PHILOSOPHIE MAGAZINE ÉDITEUR

Éditrice : Julie Davidoux
Conception graphique – PAO : Nord Compo


10, rue Ballu – 75009 Paris
www.philomag.com
contact@philomag.com
ISBN : 978-2-487699-23-6
Diffusion distribution : Harmonia Mundi Livre

*Aux trolls anonymes :*
*oui, papa vous aime et vous voit*

« Il est dommage que les philosophes
des Lumières aient été remplacés
par des LED »

Un troll,
le 17 novembre 2023

« Entraîner à l'amour : nous devons redouter
celui qui se hait lui-même, car nous serons
les victimes de sa rancune et de sa vengeance.
Cherchons donc comment l'entraîner
à s'aimer lui-même ! »

Nietzsche, *Aurore*, § 517

« Plus nous nous élevons,
plus nous paraissons petits aux yeux
de ceux qui ne peuvent voler. »

Nietzsche, *Aurore*, § 574

« Les nains sapent silencieusement
les œuvres des géants. »

Guy Savoy,
lors d'une conversation privée

# INTRODUCTION

On se souvient de *Funny Games*, film de Michael Haneke, sorti en 1997. Deux jeunes garçons bien éduqués, Peter et Paul, prennent en otage une famille entière : Anna, la mère, Georges, le père, et Georges Junior, leur fils. Sous l'œil complice du spectateur s'ensuit une série de sévices physiques et psychologiques terrifiants et gênants. Le malaise est d'autant plus frappant que ces deux adolescents font preuve d'une politesse sans faille. Ils font mine de regretter les tortures qu'ils infligent, et responsabilisent leurs victimes en leur laissant entendre que s'ils s'étaient mieux comportés, ils auraient pu y échapper. C'est une torture bienveillante, civilisée. Le mal a un visage et un nom ; pis encore, il a une culture. La barbarie est policée. On imagine la satire du nazisme comme retournement de la civilisation sur elle-même : le pire a été commis et planifié par des hommes de raison, des êtres fins, lettrés et cultivés[1].

Le paradigme a changé. Il n'est pas pire, il est d'une autre nature. Imaginez qu'on s'introduise chez vous, malgré vous, qu'on se cache dans vos placards ou sous l'évier, et qu'au moment où vous discutez avec vos amis, lors d'une soirée, de sujets aussi divers que l'amour, l'amitié, la politique, la culture ou le sport, ces êtres sortent de nulle part, masqués, le plus souvent avec des têtes d'animaux ; ils étaient là depuis des mois, ils se nourrissaient de vos paroles et de vos conversations ; ils ingurgitaient et digéraient ; tout ce que vous avez dit aura été retenu contre vous ; nul avocat pour

1. Hannah Arendt, *Eichmann à Jérusalem. Rapport sur la banalité du mal,* trad. Anne Guérin, Paris, Gallimard, coll. « Folio Histoire », 1991. C'est ce qui apparaît en arrière-fond du livre d'Hannah Arendt : Eichmann aime Goethe et se défend des crimes qui lui sont reprochés en citant Kant, et en faisant valoir qu'il n'a rien fait de plus qu'accomplir son devoir. Il n'y a pas qu'une absence de pensée et de jugement autonome dans la banalité du mal, mais aussi ce scandale qu'un criminel, dont on pourrait penser qu'il n'est qu'un barbare, puisse être en fait un homme policé et cultivé.

vous défendre, vous êtes seul face à ces intervenants impromptus qui ne se présentent pas ou qui se présentent sous un faux nom, sans visage, ni âge, ni statut social, et qui vous font la leçon ou vous attaquent *ad hominem*. À vous figurer cela, vous avez là ce qu'est un troll, et comment sa pulsion sadique nécessite l'anonymat pour son *prank* constant.

Entre la première forme de haine et la seconde, de nombreux éléments en changent l'essence : le premier, c'est que la haine des trolls ne nécessite aucune rationalisation ni justification. Celle des bourreaux d'antan trouvait des raisons à son déploiement, elle était soutenue par une idéologie qui visait la purification de la société et son amélioration par l'élimination d'individus ou de groupes d'individus. Les trolls, eux, agissent sans justification, par simple plaisir destructeur. Le second élément, c'est l'anonymat : la barbarie était identifiée (les deux sadiques de *Funny Games* ont un visage), elle portait un uniforme, elle répondait aussi d'un groupe politique, religieux ou ethnique ; le *trolling*, lui, n'a pas de visage, il se cache et se dissout dans la masse numérique. La dernière différence est l'impunité : les tueurs du film de

Haneke peuvent être arrêtés ou tués ; les trolls, eux, demeurent impunis, il n'y a pas de juridiction adaptée à ce nouveau phénomène, et le plus souvent les plateformes et les réseaux ne livrent aucun nom et refusent de coopérer.

Malgré toutes ces différences, un point commun se dégage en prenant, dans le cas du trollage, un aspect très inquiétant : la complicité du spectateur. Le spectateur de *Funny Games*, on l'a dit, devient le complice malheureux et involontaire des tortionnaires, comme l'internaute l'est de la haine des trolls. Il peut même participer au calvaire ou au tourment en retweetant, en likant, en partageant. Il expose et étend ainsi largement l'humiliation ou le mal qui a été fait. La haine se diffuse de manière planétaire et immédiate : un acte d'humiliation à l'autre bout du monde est exposé à la vue de tous en un clic. Il y a une mise en scène de la cruauté ordinaire. Une théâtralisation de celle-ci.

Ce qu'on aimerait interroger dans ce qui suit, ce sont les multiples facettes du *trolling*, à la fois dans ses dimensions subjectives, philosophiques et psychanalytiques, mais aussi dans ses dimensions politiques. On soutiendra que le troll – une fois écartée sa dimension comique non négligeable – incarne la figure contemporaine et singulière d'une haine qui s'est métamorphosée, d'une extrémisation des individualités et des collectifs. À l'heure d'une bipolarisation de la vie politique par ses extrêmes, le *trolling* fonctionne comme une pierre de touche pour comprendre le monde. Le troll est le visage – sans visage – de cette néohaine allant de la provocation à la manipulation de masse.

# DE QUOI LE TROLL EST-IL LE NOM ?

## *Précis de* trolling

Dans le folklore scandinave, le « troll » est une créature monstrueuse, naine ou géante, mi-animale, mi-humaine, qui a un comportement inamical et agressif. On le soupçonne d'être insultant, belliqueux, batailleur, et parfois même d'enlever des enfants pour les dévorer. Le troll peut aller du lutin malicieux au géant barbare et stupide. On le voit apparaître, dans la littérature nordique, vers le XIIIe siècle, dans l'*Edda de Snorri*, rédigé par Snorri Sturluson. Il est dépeint comme un être vivant entre deux mondes, faisant le lien avec les lieux sauvages : la mer, la forêt, la montagne. Il habite les contrées où l'homme ne se trouve pas – à l'instar du loup-garou, figure tout aussi importante de la mythologie scandinave. Créature de la nuit, il fuit le soleil de peur de se transformer en pierre. Sa fonction dans les contes, jusqu'au XIXe siècle, est d'incarner les forces naturelles, la magie qui y opère, en bref, une certaine hostilité vis-à-vis de l'homme. C'est pourquoi il s'oppose au protagoniste humain, bien qu'il soit toujours vaincu par ce dernier.

Dans les langues scandinaves modernes, le mot « troll » renvoie au vocabulaire de la sorcellerie ou de la magie. Un sens beaucoup plus significatif peut être trouvé dans le verbe norrois *trylla*, qui signifie « rendre fou, furieux, conduire à une rage puissante ». Verbe équivoque, il peut aussi dire le fait d'« enchanter ». Le troll a, pour un sens, vocation à nous mettre hors de nous. Ses attaques visent à déstabiliser l'auteur et à le remettre en question. Ainsi nous met-il en demeure de répondre, c'est-à-dire de répondre de nous, de nos positions, de ce qu'on a fait ou dit, tout en lui répondant et en répondant de lui. Tout troll adresse une demande de reconnaissance.

Autre indice pour le comprendre : *a trolley*, en anglais, signifie « le chariot ». Dans le cas du « troll », on pourrait traduire ce mot avec davantage d'esprit : mettons le « traîneur ». Le « troll » est à la traîne et essaye de vous ralentir, de peser sur vous, d'être un boulet à votre pied. *Faute de pouvoir s'élever, il vous rabaisse jusqu'à lui.* Il s'évertue à vous ralentir, à vous lester d'une mauvaise conscience, à vous faire culpabiliser de chacun de vos mots ou de vos faits et gestes, à vous clouer au pilori. Son but : vous faire freiner des quatre fers en vous forçant à vous cabrer. Le troll souhaite vous rendre immobile en vous poussant à l'inaction. Il voudrait que vous lui ressembliez. Vous êtes trop en vue, il rêverait de vous invisibiliser en vous traînant vers les bas-fonds.

En français, « trôler » renvoie à la pêche à la traîne, où on lançait à l'eau une cuillère en forme de leurre afin d'attraper du poisson. Le pêcheur à la traîne suit sa proie. Le *follower* peut être ce troll qui est un suiveur-chasseur ou un suiveur-charognard. Il nous attrape avec un mot qui nous fait mordre à l'hameçon. Tout en se nourrissant de ce que nous postons pour attirer son attention. Puisque tout internaute vit aux dépens du troll qui l'écoute ; et que tout troll vit sur le dos de celui qui nourrit sa haine.

L'imaginaire convoqué, à son propos, est celui du geek et de l'univers des jeux vidéo. Les trolls de l'*heroic fantasy* sont représentés à l'image de ceux de Tolkien : géants, bêtes et voraces. Ils ont des pouvoirs surnaturels, tels que celui de se régénérer et de guérir de leurs blessures. Ils sont, en cela, des adversaires redoutés pour leur résistance et leur agressivité.

À souligner, enfin, le mot « drôle » est apparenté au scandinave *troll*. Le trollage n'est pas qu'une malveillance. Le troll peut avoir de l'humour. Son arme est dès lors le rire, comme c'est le cas pour le célèbre troll américain Ken M., qui s'en est fait une spécialité en commentant toute publication de manière inopinée, absurde et détonante[1]. L'ironie était le moyen pour Socrate de faire accoucher l'âme de ses interlocuteurs, en montrant les limites de leur raisonnement ; le troll fait aujourd'hui parler

1. Un exemple (source : www.slate.fr/story/109177/ken-m-troll-internet) : commentant un article intitulé « Clinton et Bush maintiennent leurs levées de fonds alors que celles de Trump se sont effondrées cet été », un échange entre Ken M. et un internaute a lieu :
« Ken M. : "Benjamin Franklin a dit que les politiciens sont comme des Pampers, ils puent et agissent comme des bébés."
Karl : "Ken, je déteste te dire ça mais les Pampers n'existent que depuis une cinquantaine d'années. Débile."
Ken M. : "C'est ce qui a rendu son commentaire si controversé à l'époque." »

par des effets comiques. Art du sniper : la saillie doit faire preuve de justesse, afin d'attirer l'attention et de toucher sa cible.

Parfois, l'humour du troll concorde avec la critique sociale. Le théâtre classique le savait bien. *Castigat ridendo mores* : « on corrige les coutumes en en riant ». Le troll ironique ou humoristique cherche ainsi à tourner en dérision l'esprit de sérieux de l'époque, à apporter de la légèreté dans les publications aux culs de plomb. En se moquant de la doxa, le troll procède par un comique de caractère : il grossit le trait pour faire apparaître le ridicule des vanités humaines. En ce sens, le troll devient le moraliste de son temps. Ses répliques sont ciselées comme des aphorismes. Elles sont taillées pour faire mouche et blesser les vertueux qui ne sont jamais que des vicieux déguisés.

Plusieurs formes de trolls existent : le troll jaloux qui vous suit pour vous poursuivre, qui pense que vous êtes trop aimé pour ne point être haï, que vous avez trop réussi pour ne pas être rabaissé ; le troll déçu, dont l'arme fatale est celle de l'évaluation sous forme de dévaluation, à coup de notes ou d'étoiles, il fait la pluie et le beau temps concernant vos livres, vos films, vos entreprises, vos restaurants ; le troll harceleur, dont le but est de détruire une personnalité, de la supprimer en la persécutant par des commentaires, des vidéos, des groupes qui vous dénigrent jusqu'à vous faire craquer et vous pousser au pire ; enfin, le troll politique, colportant des théories du complot, ou engagé dans une armée pour déstabiliser la souveraineté d'un pays ou discréditer, lors d'une campagne électorale, des candidats.

### *Les mèmes*

Les mèmes relèvent d'un cas particulier. Ils sont un aspect du caractère humoristique du trollage. On connaît le plus célèbre mème de la Toile : celui de l'homme au regard distrait qui, dans la rue, vêtu d'une chemise bleue à carreaux et accompagné de sa petite amie au débardeur ciel, se retourne sur une femme brune à robe rouge. Le type a les yeux rivés sur le fessier de cette inconnue qui passe – ce n'est pas glorieux –, et sa compagne le regarde avec un sentiment mêlé de stupeur et de déception : « il est donc comme les autres », semble-t-elle penser. Ce même, comme tant d'autres, a fait le tour du monde et s'est prêté à tous les détournements. Sa célébrité l'a même fait entrer dans l'histoire. Apparu en 2017, et créé à partir d'une banque de données, il a reçu pour nom : *Distracted Boyfriend Meme* – « Le mème du petit ami distrait ». Un bel euphémisme au pays de Don Juan.

Le mème est donc un phénomène culturel qui se transmet en masse sur Internet et qui a pour arrière-fond une image, une phrase ou une piste audio bien connues pouvant se décliner en d'innombrables façons pour tourner en dérision tel ou tel comportement. À chaque fois, un tel contenu est déclinable à l'infini. Un autre mème extrêmement célèbre, intitulé *Disaster Girl,* représente une petite fille aux cheveux coupés au carré et qui a un sourire en coin, l'air satisfait et ravi de voir en arrière-plan une maison brûler[1]. Est-ce la sienne ? A-t-

1. La photo date en réalité de 2004, et c'est son père qui a saisi cet instant. Une maison était en feu dans le quartier où sa famille vivait, et son père et son frère sont sortis pour assister au travail des pompiers qui tentaient d'étouffer le feu. Cette jeune enfant n'a donc pas brûlé cette habitation parce qu'il y avait une araignée, ni parce que ses voisins

elle mis le feu à sa maison ? Et est-ce celle du voisin ou de quelqu'un qu'elle ne portait pas dans son cœur ? Ce qui est certain, c'est que ce même représente la *Schadenfreude* – « la jouissance malsaine » – que l'on ressent parfois devant le malheur d'autrui. On sait parfaitement qu'une bonne nouvelle reçue par un autre peut nous plomber le moral, alors qu'une mauvaise peut nous réjouir et nous rasséréner quant à notre ratage personnel. Cette image raconte cela et sa viralité sur la Toile a été soudaine et phénoménale.

Ces mèmes, dont nous venons de parler, sont d'autant plus frappants qu'ils disent quelque chose du troll : le voyeurisme et la jalousie, dans le premier cas ; le plaisir coupable de voir l'autre souffrir comme nous, dans le second cas. Certes, le même le plus souvent relève du sarcasme, de l'ironie ou de l'humour, mais il relève tout aussi bien des mauvais sentiments, c'est-à-dire du ressentiment le plus enfoui des

---

écoutaient du Justin Bieber (« *There was a spider. It's gone now* » ; « *My neighbors used to listen Justin Bieber. Now they don't* »). Source : www.liberation.fr/checknews/2019/07/08/quelle-est-l-origine-du-meme-de-la-petite-fille-qui-sourit-devant-une-maison-en-flammes_1738201/

individus. On ne fait pas rire avec de bons sentiments, le rire est cathartique, il sublime et purge nos sentiments les plus bas. On rit plus facilement des imbéciles que des gens très brillants : manière de se soulager de notre connerie la plus ordinaire. « Je ne suis pas le seul à être con. » Et, en effet, cela prête à rire. Dans le cas des mèmes susmentionnés, on rit tout aussi bien de ce sentiment si peu glorieux qu'est la jalousie que de celui si peu avouable du ressentiment.

Il y aurait tant à dire sur la méchanceté du rire que Baudelaire qualifiait de diabolique. Le rire, par définition, est méchant. Mais c'est de la méchanceté bon enfant, puisqu'on en rit. Et le troll ironique est ce bon enfant caustique que l'on aime tant voir se moquer des autres, dont on pense du mal sans oser le dire. Il dit tout haut ce que nous pensons tout bas, et cela nous fait un bien fou ; il nous a défaussés de nos responsabilités ; il nous a déchargés de notre rancœur qui souffrait d'être muette. C'est en cela qu'il porte bien son nom : le troll est drôle.

Cette forme d'humour rejoint la définition canonique de Bergson : « Le rire est de la mécanique plaquée sur du vivant. » La mécanique, ici, est la reproduction indéfinie d'une image, d'un GIF, d'un son, d'une phrase qui peut s'adapter à toutes les situations en épousant un événement de vie particulier. Vous voulez exprimer un sentiment peu reluisant à l'égard d'un drame ? *Disaster Girl* ! Vous voulez exprimer la manière dont vous avez été berné, rabaissé, humilié par quelqu'un ou par une situation ? *Distracted Boyfriend Meme* ! À chaque événement de vie, un mème d'autodérision ou assassin.

Pour prendre un exemple plus français, il y eut, au lendemain des attentats islamistes du 13 novembre 2015, un mème extrêmement viral qui a circulé sur les réseaux : celui de Jawad, ce jeune homme de Saint-Denis, qui aurait hébergé dans son appartement les deux terroristes, Abdelhamid Abaaoud et Chakib Akrouh, et qui, pour sa défense, a déclaré à un journaliste de BFM TV : « J'étais pas au courant que c'étaient des terroristes [...] On m'a demandé de rendre service, j'ai rendu service, monsieur. On m'a demandé d'héberger deux personnes pendant trois jours, j'ai rendu service tout simplement. Je ne sais pas d'où ils viennent, on n'est au courant de rien, monsieur. » Son même qui reproduisait son visage lors de cet entretien a été très largement détourné pour se moquer de situations incongrues. Du type : « On a retrouvé le patient zéro du Covid-19. » Bulle mise dans la bouche de Jawad : « Mais je ne savais pas que c'était un pangolin, c'était pour rendre service. » Dans ce cas, on voit bien que le même a une fonction cathartique. Il y eut, après ces attentats, la nécessité de tourner en dérision ces terroristes ou leurs complices en les ramenant à la bêtise qui était la leur. Jawad est devenu la personnification et la figure du bouc émissaire. Se moquer de sa bêtise et de sa naïveté était une manière d'expier l'effroi, de rire de ce dont on aurait dû pleurer. Les ramener au rang de « guignols » nous rendait à notre intelligence collective : nous serons – ensemble – plus forts qu'eux et nous nous en sortirons. On châtie les mauvaises manières par le rire, on s'en moque pour en montrer le ridicule et en changer. Quiconque est maintenant averti qu'on ne rend pas service à n'importe qui.

Qu'un même soit viral est aussi intéressant. Le troll se propage comme une maladie. Il nous touche, nous affecte, élit domicile dans notre corps et nous pourrit de l'intérieur. La viralité est un terme médical : dans le cas du *trolling*, il vise quelque chose de la santé publique, psychique et corporelle des internautes. Ce qui se propage à vitesse grand V, tel un virus, peut affecter notre économie de vie : que ce soit par la punition humoristique ou par la condamnation sans aucune once d'humour ni d'ironie des *haters*.

Sa viralité tient aussi au fait que le mème se reproduit. Il y a une sorte de réplication virale qui fait que sa forme est protéiforme. Une simple légende en modifie le contenu. Tout ce qui est vivant peut être saisi ou englobé par cette viralité du mème. C'est pour cela qu'il est difficile de donner des exemples concrets de *trolling*, ils sont singuliers, uniques, ils répondent à propos et de manière idiosyncrasique à un événement lui-même singulier.

## *Ratio,* swatting, rage-bait[1]

D'autres formes de trollage peuvent être remarquées : le *ratio*. Le ratio décrit un

1. Je remercie ici vivement mes chers élèves de la TGC (Julian, Corentin, Mahdi, Issam, Nathalie, et j'en passe) du

rapport entre deux tweets qui est en défaveur du premier posté. Le second, constituant une réponse au premier, a davantage été retweeté, ou « aimé ». Il a remporté la polémique, il est sorti vainqueur de la controverse par un plébiscite plus important. Ainsi dit-on de celui qui a gagné la bataille : « Il l'a ratio. » Son *trolling* est devenu plus populaire que la publication initiale. C'est ce qui est arrivé à Elon Musk en novembre 2022, et c'est un Français, répondant au pseudo d'Arkunir, qui a réalisé cet exploit. Le premier a tweeté : « *What do you call someone who is master at baiting ?* » (« Comment appelez-vous quelqu'un qui est maître de la provoc ? ») ; quand le second lui a répondu : « *I don't know but call this ratio.* » Cette réponse a été repartagée plus de 14 000 fois contre 9 600 pour Elon Musk. Arkunir l'a donc ratio en lui volant la vedette. Et il l'a si bien fait qu'Elon Musk a supprimé son tweet dans la foulée pour ne pas avoir à subir davantage cet affront.

---

lycée Couffignal qui m'auront largement aidé à baliser et à circonscrire le sujet en me renseignant sur ces différents phénomènes. On a beau dire, notre culture classique est davantage en retard sur la leur que la leur ne l'est sur la nôtre.

Le *swatting*, lui, terme provenant de l'unité d'élite d'intervention de la police américaine, la Swat (Special Weapons And Tactics), désigne le fait d'appeler les forces de l'ordre pour signaler qu'un streameur aurait commis un crime ou un délit (mettons « kidnapper quelqu'un et le détenir en captivité chez lui ») : le but de la manœuvre étant de voir intervenir en plein direct du streaming les services d'urgence. Ce genre de troll, moins sympathique que le ratio, et apparu dans le milieu du gaming, est une forme de vengeance, qui nous renseigne sur le fond obscur du *trolling*. Car le troll n'est pas que drôle, et c'est là tout le problème. Si le *swatting* est décrit comme un canular, il implique tout de même la mobilisation inutile des urgences et de la police et l'atteinte à la dignité d'un individu innocent, filmé et enregistré dans cette situation humiliante.

Enfin, et c'est la forme la plus générale du troll, son archétype même, il y a le *rage-baiting*. *Bait*, en anglais, c'est l'appât : le *rage-bait* est donc un appât pour inciter la colère de la communauté des internautes. C'est un propos délibérément offensant ou insultant qui consiste à faire réagir le plus de personnes afin de créer de l'engagement en ligne et du trafic. Les internautes mordent à l'hameçon et commentent, répondent, s'indignent ; ce qui donne de la visibilité à une publication, à un site ou à un individu. Le principe est simple : soulever un tollé, c'est soulever la Toile. Le troll n'a pour finalité, qu'il soit drôle ou haineux, que cela. Sa provocation est à entendre en son sens littéral de *pro-vocare,* c'est-à-dire au sens d'appeler la voix des autres, d'aller au-devant d'elle, de l'inciter, de l'exciter. Le troll est un agitateur public qui, s'il fait naître les rires, peut tout aussi bien faire naître la haine.

### *Défoulement ressentimental*

Ce n'est toutefois pas à ce mode sympathique et cocasse de trollage que nous nous intéresserons. Pour une simple raison, il n'est guère un danger pour le monde qui vient. Il peut même rendre service en démasquant la bêtise et la stupidité. En tournant en dérision les extrémismes. En montrant l'absurdité des choses et en les renvoyant au néant duquel elles étaient sorties. Hélas, la pensée est d'abord appelée

– et c'est toute sa nécessité et son urgence – par le péril. Depuis toutes ces perspectives, on peut donc désormais brosser le portrait-robot du troll d'Internet : s'il est bien un être humain à part entière, sa photo de profil est souvent un animal ou un personnage mythologique. Il grogne comme ces personnages fantastiques ; il est ce que la nuisance sonore est à la musique. Il traîne sur les réseaux et les forums, toujours à l'affût du moindre mot équivoque qu'il pourrait venir soupçonner, souligner, pour alourdir le débat et irriter la communauté qui y dialogue. Il cherche à se faire remarquer, parfois en faisant marrer la galerie, parfois en horripilant celle-ci. Pour se rendre intéressant, le plus souvent, il souligne le peu d'intérêt de ce que nous disons. Il cherche à nous déstabiliser, à nous faire perdre notre sang-froid. S'il nous suit sur les réseaux, c'est pour nous hameçonner de son mot blessant. Incarnation de l'hostilité de la nature humaine, l'homme est, depuis l'invention des réseaux asociaux, un troll pour l'homme.

Pour comprendre cette figure qui hante Internet, il nous faut revenir aux catégories de la psychanalyse. L'*homo numericus,* dans sa version haineuse, est l'avatar de la destruction contemporaine du surmoi. Le troll a bouffé la seconde topique de Freud. Le surmoi était l'instance des tabous, des censures, des interdits sociaux et familiaux. Il constituait le rempart moral de l'individu contre le principe de plaisir, pulsion inconsciente destinée à s'assouvir immédiatement, indépendamment de la loi (morale ou juridique). Le surmoi refrénait cette agressivité. Il édictait que toutes les vérités n'étaient pas bonnes à dire et que tous les actes n'avaient pas à être autorisés. « Un homme, ça s'empêche », écrivait Camus, et ce qui l'empêchait autrefois était ce surplomb réprobateur. Le troll pense, quant à lui – s'il pense –, qu'il lui faudrait dire tout haut ce que tout le monde pense tout bas. Il n'est, en cela, qu'une figure métonymique de l'humanité nouvelle – une partie prise pour le tout. Or si ce « quelque chose » se dit tout bas en nous, c'est qu'il y a là une bonne raison : le dire serait contradictoire avec l'exigence de la vie sociale et commune. Cet inavouable viendrait effranger le lien social, détricoter le tissu de la société. On ne peut pas tout dire, pas plus que l'on ne peut tout faire, et c'est ainsi que la civilisation est née et a perduré. Les tabous et les interdits sont salvateurs. Il n'y a que l'enfant ou le pervers qui jouissent de la transgression de ceux-ci. La perversion du troll tient dans sa toute-puissance infantile voulant subvertir la bienséance. Devant vous, il serait interdit à tous les sens du terme. Il ne balance sa haine que parce que l'anonymat le protège. Il n'a pas à en répondre.

S'il ne la ramenait pas face à vous, rangeant sa langue qu'il a pourtant bien pendue, c'est que sa perversion n'est pas structurelle. Il n'y a, pour lui, que des effets pervers rendus possibles par les circonstances dans lesquelles il se trouve. Son invisibilité lui permet de jouir de sa victime en la regardant par le judas de sa fenêtre internet.

Cela signifie que le sujet de l'*homo numericus* haineux est décalé par rapport à sa parole ; celle-ci n'est pas la sienne, elle est celle de son avatar. Si elle était propre, il en serait honteux. Le surmoi l'accablerait de culpabilité. Il devrait en répondre, c'est-à-dire en porter la responsabilité. L'enfant pervers se dédouane de ce qu'il profère, au profit de la jouissance qu'il a *à dire* et qu'on *devrait taire*. Quand dire, c'est jouir. Tout le plaisir réside dans la prononciation de mots interdits : l'enfant – comme le troll – n'est jamais aussi heureux que lorsqu'il dit ce qu'il ne faut pas dire. Les noms d'oiseaux le font rire ; comme l'insulte fait jouir le troll. Revisitant l'aphorisme de Wittgenstein, on pourrait tout à fait énoncer que : ce dont on ne peut parler, le troll ne le tait pas, il le vocifère. Mais la vérité, hélas, ne sort pas de la bouche de ces enfants.

C'est un des effets du puritanisme contemporain : la jouissance, étant hors corps, réapparaît dans le langage. Les chiffres parlent d'eux-mêmes : 44 % des jeunes de 18-25 ans n'ont pas eu de rapport sexuel dans l'année ; et 36 % des 18-38 ans ont décliné un rapport, cette même année, pour regarder une série ou Netflix. Quand les corps, saturés des contenus pornographiques proposés et ingurgités, désertent le sexuel, le sexuel fait un retour dans la parole ressentimiste. Des *foules sentimentales,* on est passé au *défoulement ressentimental.* On jouit, dans la frustration sexuelle, de cette frustration même. Dès lors, tout l'enjeu sadique du troll est de frustrer son interlocuteur, de ne pas répondre à sa demande fondamentale. Poster un contenu (texte ou photo) sur les réseaux, c'est attendre d'être reconnu ; reconnaissance que le troll prend un malin plaisir à décevoir pour créer le manque chez le sujet et mieux s'y engouffrer.

« Je serai le seul, parce que je te la refuse, à pouvoir répondre à ta demande. » Voilà l'un des effets pervers dont nous parlions. Le sujet pervers vise le manque fondamental du sujet, sa faille narcissique, pour la laisser béante : dans le cas de la perversion masculine, l'homme se propose comme seul objet de résolution ; dans le cas de la perversion féminine, la femme se refuse à être l'objet de résolution du manque (on appelle cela la « castration »). Si le troll est, dans la mythologie scandinave, un être hybride, à moitié homme, à moitié animal, il est, dans sa version numérique, une hybridation entre ces figures perverses : ce qu'il sous-entend pouvoir seul vous donner, il vous le refuse incessamment.

Le troll est à l'image de notre temps, où la sentence lacanienne « il n'y a pas de rapport sexuel » se traduit en « il n'y a de rapport que numérique ». Qu'il n'y ait pas de rapport sexuel, cela indiquait, pour Lacan, que du Deux on n'en ferait jamais du Un : la fusion des corps est impossible, l'adéquation des jouissances aussi, la castration est première, il manque toujours quelque chose pour que le rapport soit plein et entier. Le sexuel s'est décharné ou désincarné, il n'a plus lieu que dans les rapports virtualisés des films pornographiques ou des *nudes* envoyés sans délai en messagerie privée de nos réseaux sociaux. De là que le rapport ne soit plus celui du tact, mais du « sans contact ». La castration, elle-même, ne concerne plus tant le corps réel que la parole virtuelle. Chatter avec l'autre, c'est le châtrer.

Affaire de réactions. Le troll réagit à des contenus, parce que son être est, fondamentalement, réactif. Non seulement il réagit à toute activité pour en annuler les effets, mais il cherche également, et par là même, à faire réagir l'autre. La puissance active s'oppose à la puissance réactive : quand la première est force de proposition et d'affirmation, la dernière est force de critique et d'infirmation[1]. L'actif est positivité ; le réactif, négativité. La réaction est toujours l'effet d'une haine rentrée,

1. Je renvoie au livre de Laurent de Sutter sur le sujet : *Superfaible. Penser au XXI^e siècle*, Paris, Flammarion, 2023.

d'une impuissance intériorisée : c'est un nain qui détruit les œuvres des géants. La vengeance et le ressentiment en sont le moteur.

Il faut se rappeler ce que disait Nietzsche : la vengeance consiste à répondre à une offense par une autre offense (on en parlera plus longuement plus loin). Elle est du domaine de la rétorsion. On réplique par des attaques analogues à celles qui ont été déployées contre nous. Mais le problème, c'est que personne n'a attaqué le troll. Il s'est senti attaqué. Nuance. La vengeance est directe : le sujet répond à l'affront, dans l'instant, ou de manière différée, en la fomentant en secret, en se réjouissant dans son for intérieur de ce qu'elle arrivera tôt ou tard, en la savourant donc par avance. Quand celle-ci n'arrive pas, quand l'individu n'arrive pas à satisfaire cette volonté, celle-ci devient ressentiment. Le ressentiment est cette haine qui n'a pu s'extérioriser, cette vengeance refrénée et inassouvie. Le cœur blessé devient rancœur. Le sujet s'étouffe de son propre fiel, il l'empoisonne de l'intérieur. La rumination en est son effet. La fulmination est d'autant plus violente que la rumination fut grande.

« Il faut que quelqu'un dans le monde porte la responsabilité de mon malheur », ainsi parle tout bas chaque *hater*. Son mal-être doit avoir un responsable pour le dédouaner de ses propres responsabilités. S'il est mal, c'est parce qu'on lui a volé la vedette, parce qu'un usurpateur lui a pris la place qui lui revenait. Alors il rabaisse, tente de faire tomber chacun de son piédestal, crie haineusement son malheur d'être lui, d'avoir manqué quelque chose dans sa vie, sinon d'avoir manqué sa vie elle-même. Ce n'est guère lui le fautif, ce sont les autres. L'enfer, c'est eux.

C'est ainsi que le troll est animé par une pulsion de destruction : à l'instar de l'enfant sur la plage qui détruit, dans un éclat de rire, le château de sable que son père a patiemment construit, le troll réduit à néant tout ce qui pourrait être quelque chose. Non pas parce que le contenu critiqué ne serait pas bon, mais parce que toute chose le rappelle à ce qu'il n'est rien. Autre version pour dire que toute puissance le rappelle à son impuissance ; et toute affirmation à son infirmité. Il opère l'inversion de toutes choses ; il dévalorise tout ce qui a de la valeur et, de ce fait même, inverse toutes les valeurs en leur contraire. Nietzsche a nommé cela le « nihilisme ».

Le néant et l'annihilation de tout règnent en maîtres sur ce type de discours. Il s'agit de juger à l'emporte-pièce tout ce qui est montré : votre corps – pas assez fin, ou justement trop mince –, votre discours – trop bête ou trop intelligent –, vos vacances – surtout celles des nouveaux riches –, vos livres – trop grand public ou trop scientifiques –, vos plats – trop guindés ou populaires. Tout est bon pour déverser son fiel. On reproche tout et son contraire. À la manière dont Pascal disait dans les *Pensées* : « S'il se vante, je l'abaisse ; s'il s'abaisse, je le vante, et le contredis toujours, jusqu'à ce qu'il comprenne qu'il est un monstre incompréhensible[1]. »

## *L'esprit de vengeance*

« Le glaive scintille de désir », écrit Nietzsche dans le *Zarathoustra*. Le combat est animé par un désir qui donne la force à celui qui tient

1. Pascal, *Pensées*, Lafuma 130.

l'épée de s'escrimer. C'est vrai pour le guerrier comme pour l'être humain ordinaire. La guerre est de même nature que la dispute, seuls les degrés (et ils sont incommensurables) diffèrent. Cette essence commune est la vengeance. Au bout de tout sabre brille l'éclat d'un esprit vengeur. La vengeance a toutefois plusieurs visages.

Dans le *Zarathoustra*, Nietzsche a une compréhension péjorative de celle-ci : elle est rapportée à la tarentule qui mord les chairs pour les faire nécroser, pour leur donner la mort. Cette morsure est celle de l'égalité de l'humanité. Cette dernière dépérira de la volonté égalitariste consistant à niveler toutes les valeurs par le bas. Et quoi d'étonnant, lorsqu'on sait que ce nivellement traduit le nihilisme lui-même, c'est-à-dire non seulement la dévaluation de tout, mais aussi la dépréciation de la vie elle-même qui ne vaut plus rien, précisément, parce qu'elle ne veut plus rien – ou qu'elle ne veut plus que « le rien », ainsi que le penseur allemand le fait remarquer dans la dernière dissertation de la *Généalogie de la morale*. Cet égalitarisme n'est pas celui d'une égalisation par le haut, mais d'un aplanissement par le bas. Il n'élève pas, il rabaisse. L'égalitarisme, c'est l'égalité au rabais. Cette vengeance d'en bas, et qui vise bas, rappelle celle des commentateurs de publications dont la malignité tient dans cette volonté de ramener tout au même niveau, c'est-à-dire à leur niveau. Or quand tout est au même niveau, plus rien n'a de niveau.

Ironie du sort, c'est bien cette tarentule qui aujourd'hui a tissé sa toile technique sur le monde (il y a *wide* dans World Wide Web). Internet nomme aujourd'hui cet égalitarisme qui nous gangrène en réduisant tous les rapports humains à la binarité informatique, c'est-à-dire à un système d'évaluation, non pas absolu, mais relatif. Nous sommes toujours pris dans les fils de soie de cette araignée nihiliste. La toile de cette tarentule technique réalise désormais, par l'informatisation du monde, ce vieux rêve, en l'uniformisant. Nous sommes tous des épigones des uns et des autres, des clones soumis à l'uniformisation de la forme marchande et du format communicationnel qui consiste à évaluer toute chose et tout individu. L'un ne va pas sans l'autre : c'est parce que nous sommes des animaux marchands que nous évaluons (à coup d'étoiles et de commentaires) les services, les objets et les personnes. L'équivalence généralisée nomme ici la « volonté d'égalité », dont parle Nietzsche. Nous sommes réduits à cette valeur d'échange générale, rendant rédhibitoire l'affirmation d'une valeur absolue. C'est ainsi que, tout étant relatif, chaque chose est soumise à la relativité du jugement moral ou de goût. On note comme on réprimande : on réprimande d'ailleurs en notant. La critique s'est étendue : chacun devient critique cinématographique, littéraire, analyste politique, expert. Puisque tout se vaut, rien ne vaut : et si rien ne vaut, mon jugement a autant de valeur que la chose que je juge comme étant sans valeur. La haine que porte cet « égalitarisme » est celle de l'aristocratie, la haine de l'élévation, la haine, encore, de celui qui dit avec force : « Nous n'avons pas les mêmes valeurs. »

En quoi consiste toutefois cette vengeance ? Et d'où vient-elle ? Pourquoi la masse veut-elle se venger ? La vengeance de la tarentule est celle du faible contre le fort, celle du faible ne pardonnant pas au fort d'être plus valeureux que lui. C'est qu'on ne pardonnera jamais à quelqu'un de vouloir s'élever – sans nous. Si bien que ne pouvant s'élever jusqu'à lui, on préférera le rabaisser jusqu'à soi. Dans un paragraphe d'*Aurore*, Nietzsche le formule ainsi : « Plus nous nous élevons, plus nous paraissons petits aux yeux de ceux qui ne peuvent voler[1]. » Celui qui s'élève paraîtra toujours petit aux yeux de ceux qui vivent à ras des pâquerettes. On n'a peut-être encore rien dit, depuis Platon, de cette vengeance des faibles sur les forts.

Celle-ci ne renvoie toutefois pas à la vengeance calliciéenne. Pour Calliclès, on le sait, la justice est le fait des faibles qui se réunissent pour arbitrairement inventer un droit les protégeant des plus forts. Ainsi ces derniers sont-ils ceux qui font régner « la loi du plus fort » de manière coercitive, et en usant de la force physique ; ils sont, donc, au regard de la réunion des plus faibles ayant soif de justice, plus faibles que les faibles. Leur volonté de pouvoir – soit celle d'assujettir les autres par la contrainte – n'est pas une volonté de puissance – soit celle de s'élever

1. Nietzsche, *Aurore*, trad. Blondel, Hansen-Love, Leydenbach, Paris, GF Flammarion, 2012, p. 317.

par le glaive de l'esprit[1]. La première, celle de Calliclès, cherche à régner politiquement sur ses semblables, à organiser la servilité du commun par la force physique ; la seconde, celle de Nietzsche, cherche à affirmer la puissance créatrice de l'individu, justifiant que « rien ne vaut la vie » par la valeur d'une vie créatrice. Dès lors, les forts dont on parle ici, les forts que Nietzsche loue tant, sont ceux qui affirment la puissance valeureuse de la vie. Ce sont les gais savants qui s'élèvent par leurs œuvres, leurs créations, leurs

---

1. Je reprends cette distinction entre volonté de pouvoir et volonté de puissance à l'excellent Jacques Darriulat. Je le cite à ce propos : « Le maître nietzschéen doit être distingué du maître calliciéen. Il faut, pour le comprendre, distinguer entre la volonté de pouvoir et la volonté de puissance. La volonté de pouvoir veut régner sur ceux dont elle veut faire ses esclaves. Elle a besoin de la servitude des autres pour s'affirmer pleinement. Elle est donc dépendante de ceux qu'elle prétend pourtant faire tomber sous sa dépendance. Que serait un maître sans esclaves ? Que serait Calliclès sans cité ? La volonté de puissance au contraire ne s'affirme pas par la domination politique, mais par la création esthétique. La volonté, qui définit en effet l'individu en ce qu'il a d'unique, ne parvient à sa plénitude que par la création d'une œuvre nouvelle, c'est-à-dire par la création de nouvelles "valeurs" qui donnent provisoirement sens au non-sens de la vie, qui justifient ainsi l'existence et affermissent en nous la volonté de vivre. » Ses magnifiques cours sont disponibles sur : www.jdarriulat.net/Auteurs/Platon/Gorgias/Gorgias2.html

productions. Eux seuls sont des guerriers qui se lèvent chaque matin avec le désir de faire. Ce sont eux les « gros », les « bœufs », dont parle Jules Renard dans son *Journal*, eux les infatigables, les bourreaux de travail – impardonnables pour cette raison même :

> Le talent est une question de quantité. Le talent, ce n'est pas d'écrire une page : c'est d'en écrire 300. Il n'est pas de roman qu'une intelligence ordinaire ne puisse concevoir, pas de phrase si belle qu'elle soit qu'un débutant ne puisse construire. Reste la plume à soulever, l'action de régler son papier, de patiemment l'emplir. Les forts n'hésitent pas. Ils s'attablent, ils sueront. Ils iront au bout. Ils épuiseront l'encre, ils useront le papier. Cela seul les différencie, les hommes de talent, des lâches qui ne commenceront jamais. En littérature, il n'y a que des bœufs. Les génies sont les plus gros, ceux qui peinent dix-huit heures par jour d'une manière infatigable. La gloire est un effort constant[1].

1. Jules Renard, *Journal (1887-1910)*, Paris, Robert Laffont, coll. « Bouquins », 2000, p. 4.

Ce ne sont pas que des génies que les trolls veulent se venger, mais de toute personne qui a proposé, qui a force de proposition. Proposer, c'est s'exposer ; et toute proposition ou toute prise de position est critiquée comme étant une pose. Le proposeur est un poseur. Le savoir, on le sait, humilie. On ne pardonne jamais à quelqu'un d'en savoir plus que nous ; pas plus qu'on ne pardonne à ceux qui créent. À cette aristocratie, la masse oppose toujours l'égalitarisme. La haine actuelle contre les élites est la forme même de cette vengeance populiste, ne pardonnant pas à celui qui a fait exception à la grégarité générale.

En cela, la vengeance – on l'a vu – est nihiliste. Elle est abaissement. Aveu de faiblesse. Y a-t-il, malgré cela, une vengeance positive ? Dans *Le Voyageur et son ombre*, la vengeance reçoit une définition méliorative. En effet, dans le paragraphe 33 de ce livre, intitulé « Éléments de la vengeance », Nietzsche différencie deux formes de vengeance : celle produite par la volonté de se conserver soi-même ; et celle commandée par la réparation d'un dommage subi. On ne sait si les deux recouvrent une acception positive ; Nietzsche n'en dit rien, sinon que la seconde est plus « noble » que la première. La première est une réponse à un danger nous menaçant de destruction : la vengeance est ainsi une riposte visant à se prémunir de l'agresseur, et donc à se préserver soi-même. La seconde est animée par une sorte de justice : il s'agit de réparer le dommage subi, celui de l'honneur blessé. Cette vengeance n'est pas exempte d'un certain amour de l'offenseur, car nul ne se vengerait d'un autre si celui-ci n'était pas digne de notre vengeance. On ne se venge de quelqu'un qu'à la condition que cette vengeance nous honore ou nous rende l'honneur perdu. La vengeance atteste de la qualité de son ennemi. Le mépris la rend inutile : celui que je méprise ne saurait me « redonner de l'honneur », ni redorer mon blason.

S'il y a une positivité de la vengeance, c'est dès lors en ce que celle-ci non seulement affirme la dignité de l'offenseur à qui il faut rendre la pareille, mais témoigne d'un souci de *justice* (il faut réparer l'honneur blessé, la dignité bafouée ; empêcher que le dommage soit causé, un jour, encore à un autre ; et par là même avoir une riposte qui donne à l'autre une

« bonne leçon », tout en le mettant hors d'état de nuire). Celui qui se venge a une revanche à prendre sur la vie. La vengeance est donc le lit à certains égards d'une volonté de puissance. Elle peut être un moteur. Le roman balzacien est le roman de la revanche sociale : Balzac est le héraut de celle qui consiste à s'élever, il est l'écrivain de l'« éclatante revanche » sur « toutes les petitesses sociales », dont il parle à propos de Lucien de Rubempré, ce « grand homme de province » voulant se mesurer à Paris, dans les *Illusions perdues*. La vengeance, si elle ne cherche pas à anéantir l'autre, mais à prendre une revanche sur lui, participe d'une polémologie où la guerre est déclarée afin de gagner en vie, en force, et en puissance. Le revanchard, s'il a la revanche tenace, c'est que celle-ci le meut en lui donnant une raison de vivre. Sa soif de revanche est une soif de vivre. Apprendre à (sur)vivre, c'est apprendre à se venger. Ce que le revanchard veut, ce n'est pas détruire l'autre (c'est là la vengeance nihiliste), mais « laver l'affront » en se confrontant à quelqu'un qu'il juge son égal, et non pas son inférieur. Se venger, positivement, ce n'est donc pas rabaisser l'autre jusqu'à soi, c'est s'élever jusqu'à l'offenseur pour lui montrer qu'on est à sa hauteur.

La vengeance, si elle a une quelconque acception positive, signifie donc : prendre une revanche sur l'autre pour lui prouver qu'on est – sans égal – son égal. L'affront lavé, l'honneur sauf, la vie en ressort grandie. La vengeance ne mène donc à nul « crime d'honneur » – vengeance destructrice, négative du faible se croyant fort et à la virilité mal placée –, mais à une engeance, à un enfantement de sa puissance de créer.

Le terme d'« engeance », étymologiquement, a pour sens « augmenter, accroître » ; au XVIe siècle, il signifiera la « progéniture », l'« enfantement », la « descendance ». L'engeance de la vengeance, sa bonne engeance, est donc celle d'une vie s'enfantant, vie s'élevant quitte à paraître petite aux yeux de la petitesse humaine. Celui qui tutoie les anges se fera toujours interpeller, comme l'adolescent interpellant l'enfant, par un « Hé, petit ! », car le gros bon sens, terrestre, trop terrestre, ne verra jamais que sa prétendue petitesse est due au fait qu'il est à mille lieues de lui. Point aveugle qu'aucun troll ne verra jamais.

### « *Faire chier* » *les gens*

Dans le *Diagnostic and Statistical Manual of Mental Disorders* (*DSM III-R*), les critères de diagnostic de la personnalité sadique étaient présentés ainsi (ils ont depuis été retirés des dernières versions, mais n'en demeurent pas moins éclairants pour penser le sadisme) :

— A recouru à la cruauté ou à la violence physique pour dominer quelqu'un
— Humilie et dégrade les gens en présence d'autrui
— A maltraité ou puni de manière particulièrement dure une personne qui était sous ses ordres (enfant, prisonnier...)
— S'amuse ou prend plaisir aux souffrances physiques ou psychologiques d'autrui (y compris les animaux)
— A menti pour faire souffrir ou blesser autrui
— Contraint les autres à faire ce qu'il veut en les effrayant
— Restreint l'autonomie de ses proches (en ne laissant pas son conjoint s'absenter seul)

— Est fasciné par la violence, les armes, les arts martiaux, les blessures ou la torture.

Est reconnu comme sadique quelqu'un qui peut être caractérisé par la survenue répétée d'au moins quatre des critères susmentionnés. S'il y a du sadisme dans le *trolling*, c'est en raison de la domination par la violence verbale, de l'humiliation et de la dégradation en présence d'un tiers, de la jouissance malsaine devant la souffrance d'autrui, du mensonge à des fins malveillantes et blessantes, voire de la contrainte imposée à l'autre de répondre à sa demande de reconnaissance.

Imaginez quelqu'un derrière son écran, prenant un malin plaisir à moquer, dénigrer, rabaisser, ne se lassant jamais de mettre la pression sur ses interlocuteurs, de salir ce qui fait le propre d'un être, de les travailler jusqu'au tréfonds de leur cœur, jouissant de son sentiment de domination quand ceux-ci réagissent, s'emportent ou s'agacent, grisé d'avoir créé une dispute, excité par l'énervement d'une communauté qui, avant son intervention, respectait les règles paisibles de la courtoisie et du dialogue, électrisé par la contrariété, la crispation, voire l'embrasement ; eh bien, à l'imaginer, vous vous représenterez tout aussi bien un sadique qu'un troll.

Cette pulsion sadique qui tend à se généraliser n'est pas le fait que des trolls. Elle a aussi lieu à chaque fois que quelqu'un, se satisfaisant d'être un voyeur, un pur œil sans visage, jouit de voir des vidéos violentes de bagarres, de meurtres, d'actes terroristes ou de guerres. La question est, dès lors, celle-ci : qu'est-ce qui, dans notre époque, rend possible cette généralisation du trouble sadique ?

Le troll sadique, comme le voyeur, procède d'un dispositif technique qui est celui du numérique. Dans les deux cas, ce n'est pas un contact sexuel ou sensuel qui fait jouir, mais une excitation à distance. Le troll lance une pique, et attend de voir ce qui se passe. En un coup d'œil, il jouira d'avoir mis le feu aux poudres. Il ne jouit pas du corps de l'autre, mais d'avoir touché juste, d'avoir mis le doigt sur la faille d'autrui. Le troll débusque l'autre de son quant-à-soi pour l'attirer vers son quant-à-moi. Il jouit en distanciel par manque de courage de le dire en présentiel.

S'il y a un sadisme du troll, c'est que, comme on le verra, l'ère du numérique organise une grande régression infantile, et notamment vers le stade anal. Pendant cette phase, qui s'échelonne entre 18 mois et 4 ans pour l'enfant, la satisfaction est recherchée dans la retenue des selles. Ces dernières deviennent un « objet précieux » que l'enfant garde pour soi ou offre en cadeau à ses parents. Avec le stade anal, il découvre une puissance nouvelle, un moyen de chantage affectif et de maîtrise vis-à-vis de ses parents : il peut faire plaisir en les donnant, ou les retenir pour les faire « chier ». C'est à la fois l'amour et la haine qu'il découvre ; le don et le refus ; la douceur et l'agressivité. On appelle, dès lors, « pulsion sadique-anale » une pulsion d'agressivité qui consiste à décevoir l'attente ou la demande de l'autre, dans le but mesquin de l'« emmerder ». Le troll en est le prototype même : il frustre l'autre en retenant ses compliments, en refusant de combler sa demande ; il est volontiers tracassier, chicaneur, querelleur, en un mot : « emmerdeur ».

Ce stade sadique-anal va toutefois de pair avec un retour au narcissisme primaire. L'enfant, de sa naissance à 4 mois, encore inconscient, s'identifie à sa mère, et vit à travers elle. Il ne sait pas encore que sa mère est différente de lui ; et n'étant pas conscient d'une séparation, l'enfant fusionne avec celle-ci. Ce qui conduit l'enfant à se prendre lui-même pour objet d'amour. L'*homo numericus* n'en est pas fondamentalement dissemblable : il est la Matrice. Il a été « matrixé » par celle-ci. Ne voyant aucune différence entre la Matrice algorithmique et lui, il prend son moi comme seul objet d'amour. La pulsion primaire de l'internaute est moïque : 4,79 milliards d'internautes, et moi, et moi, et moi.

## Following *et persécution : suivre et poursuivre*

Le numérique est le nom général de cette déréalisation ou de cette décorporation. Si la jouissance du troll est hors corps, c'est que non seulement elle n'est plus affaire de tact et de contact, de corps-à-corps ou de peau à peau, mais c'est encore parce que le troll jouit de s'entendre parler, de se voir répondre, de titiller l'autre, de piquer au vif, de pousser à bout.

Toute cette batterie de choses qui sont des effets du langage. L'être parlant, ainsi que nous l'a enseigné Lacan, n'est pas tant une substance pensante et étendue qu'une substance jouissante. Le « je pense donc je suis » cartésien est aujourd'hui supplanté par un « je jouis donc je suis ». Voire, dans une version plus pathétique, « je jouis donc je poursuis ».

On suit les autres sur les réseaux : dans le meilleur des cas, on les suit par admiration ; dans le pire, on les harcèle par détestation. La poursuite peut se muer en persécution. Persécuter, étymologiquement, c'est suivre (*sequor*) jusqu'au bout, jusqu'à mettre à bout. Il s'agit de ne laisser aucun répit, de travailler sans cesse dans la moite intimité gastrique des individus. Le nerf de la guerre, pour le troll, est de mettre les nerfs à vif. Le harcèlement n'est pas qu'un acte physique ou verbal, il s'immisce en vous et vous empoisonne de l'intérieur. Tout harcelé vit avec son harceleur ; il est là, comme une hantise, jusqu'au trognon de votre être, il vous tourmente et vous tracasse. La vérité tragique du *following* est la persécution.

L'enjeu est narcissique : « Quand je me regarde, je me désole, quand je me compare, je me console. » Comparaison est raison pour l'*homo numericus*. Quand celle-ci est à son avantage, il en jouit silencieusement, reclus derrière son écran bleu ; c'est quand celle-ci le désavantage qu'il est obligé de frapper, de blesser, de heurter. Il souligne la faille de l'autre pour ne pas défaillir de la sienne. Il est comblé en mettant à nu ce qui manque à l'autre. Ce qui le comble, en somme, c'est le manque d'autrui. Il se remplit de son vide. Pour se renarcissiser, il est tenu de dénarcissiser celui qu'il suit.

Le troll piste sa proie. Il la traque. Il se nourrit de ce qu'elle poste et expose d'elle-même. S'il le pouvait, il s'y accrocherait, pour la ralentir, l'empêcher d'avancer. Sa haine se nourrit de l'amour des autres : plus les autres s'aiment, plus il se hait. Autrui est d'emblée vécu comme un ennemi, comme une écharde dans sa chair ; un intrus dans la familiarité de son chez-soi. Tout autre le dérange, pour cela même qu'il le rappelle à son propre inconfort de cohabiter avec soi. Le troll se déteste et teste, pour cette raison, la résistance des autres à sa haine.

Cette cristallisation négative ou inversée, voyant dans toutes les qualités des autres des défauts, pourrait se dire autrement encore : « Je ne suis rien donc je te (pour)suis. » La défaillance ontologique est déterminante pour le troll. Son manque-à-être forme l'éclipse de sa subjectivité ; il n'est rien et voudrait être quelqu'un. C'est ainsi qu'il essaye de néantiser ceux qu'il suppose être quelque chose.

## *Le cyberharcèlement*

Le cyberharcèlement est devenu un fait d'actualité. L'OMS estime, suite à une étude[1] réalisée dans 44 pays, que 15 % des adolescents avaient déjà subi du cyberharcèlement, et 12 % s'y sont déjà adonnés. Des faits divers défraient la chronique, et des affaires que l'on semblait difficilement imaginables se font jour. Le cas le plus parlant est celui du harcèlement scolaire. On le connaissait déjà : dans son ancienne version, dans sa version *old school* (c'est le cas de le dire), il consistait à intimider un camarade

1. « Enquête sur le comportement des enfants d'âge scolaire en matière de santé (HBSC), portant sur les formes de harcèlement et de violence entre adolescents dans 44 pays et régions », publiée le 27 mars 2024 et consultable en ligne sur le site de l'OMS.

de classe, le plus souvent en meute ; un groupe d'enfants ou d'adolescents se liguait contre un seul. L'esprit grégaire agissait : aucun d'entre eux n'osait faire un pas de côté. Tous, par une pulsion mimétique, s'organisaient pour acculer la victime, lui empoisonner le quotidien. Ce harcèlement se passait à l'école, dans ses murs ou ses portails : en classe, dans les couloirs, les toilettes, ou encore la cour de récré. L'enfant victime de brimades et de coups rentrait chez lui, le cœur lourd, l'esprit tracassé, la peur d'y retourner le lendemain. Il avait, dans son malheur, la possibilité de se reposer de ces violences le soir et le week-end.

Le cyberharcèlement, lui, modifie ce paradigme : nulle part l'enfant n'est protégé, nulle part il ne peut retrouver son repos. La persécution (employons le terme) s'invite chez lui. Il est travaillé jusque dans les murs d'une maison qui devrait lui apporter du réconfort. Aucun répit, il est humilié jour et nuit. Là où le harcèlement d'antan ne laissait pour trace traumatique que le souvenir qui pouvait s'estomper, ou au moins être refoulé – et cela même dans l'esprit de ceux qui y ont assisté ou participé –, dans le cyberharcèlement l'oubli est impossible.

La victime est exposée à jamais, car son calvaire a été enregistré. En cela, elle est à jamais rivée à son statut de harcelé. Nous entrons dans une société où l'oubli devient impossible ; où l'hypermnésie de nos outils techniques ne nous laisse aucunement échapper à notre destin. Double peine : non seulement on a été harcelé, mais on est harcelé par le souvenir de son harcèlement.

Les images et les vidéos nous rappellent incessamment le traumatisme. En cela, celui-ci se revit tout le temps. Alors même que la psychanalyse nous a appris que l'essentiel d'un travail thérapeutique est de transformer un trauma en souvenir, une reviviscence en remémoration, la consignation de cet événement rend ce déplacement impossible. L'événement reste marqué par toute sa charge négative et violente. Toute remémoration sera en ce sens une reviviscence. On ne peut échapper à cette hypermémoire qu'est le Web, qui est la plus grande archive du monde, pour le pire comme pour le meilleur. Les violences sont elles aussi archivées : la violence ne passe jamais, elle est un passé qui ne passe et ne peut être dépassé. Celui qui a été rabaissé, injurié, moqué, outragé, celui-là vivra avec le poids de mots qui ont été dits et qui ne s'effaceront ni des écrans ni de sa mémoire.

Le *revenge porn*, qui est un type bien connu de cyberharcèlement, consiste à divulguer et publier une photo ou une vidéo à caractère sexuel d'une personne pour se venger et porter atteinte à sa dignité. Ainsi des vidéos d'une ex-petite amie pratiquant un acte sexuel peuvent être postées par celui qu'elle a quitté. Les *nudes* sont désormais des armes par destination : l'agresseur s'en sert pour humilier et réparer l'avanie qui lui a été prétendument faite. L'agresseur répare l'offense qu'il a subie en rendant la pareille, quitte à la rendre de manière disproportionnée. Il faut laver l'affront. Et quoi de pire que non seulement d'afficher la sexualité de quelqu'un, son intimité la plus propre, mais encore de livrer celle-ci à une diffusion incontrôlable, et dans son extension et dans sa temporalité ? En droit, tout le monde peut voir ces photos et ces vidéos ; et en droit, celles-ci peuvent être visionnées à jamais. Le cyberharcèlement ne connaît aucune limite ni dans l'espace ni dans le temps. L'ampleur de sa diffusion est incalculable.

En janvier 2025, un reportage de *Sept à huit* sur TF1 fait état d'une femme qui aurait été escroquée par un « brouteur » se faisant passer pour Brad Pitt. Celui-ci lui aurait fait croire à une histoire d'amour passionnelle, lui envoyant des photomontages grossiers, en lui demandant de l'aide, notamment pour des frais médicaux, afin de soigner un cancer dont il serait atteint. C'est plus de 800 000 euros qui lui auraient ainsi été extorqués. Le récit prête à sourire, en effet, tant les filons semblent gros et l'escroquerie cousue de fil blanc. Seulement voilà, cette dame qui aurait dû attirer la compassion du public a fait naître la plus grande des haines, ou à tout le moins des moqueries. Même des célébrités s'y sont laissées aller. Dès la diffusion de l'émission, X, Instagram, Facebook se sont déchaînés, l'affaire a fait le tour du monde, le porte-parole du vrai Brad Pitt a fait savoir qu'il était navré, les mèmes se sont démultipliés, tournant en dérision cette relation, raillant la naïveté d'une femme de 50 ans qui a cru que l'acteur était tombé amoureux d'elle, sans parler des photos photoshopées où « Brad » apparaissait sur un lit d'hôpital, le visage presque collé sur la photo d'un véritable patient alité. Le cas d'« Anne » est significatif du cyberharcèlement.

## *L'évaluation comme dévaluation : mésestimer celui qui m'a mal surestimé*

Un autre cas, récurrent, peut être signalé : celui des avis sur les restaurants[1]. Certaines personnes, se prenant sûrement le temps d'un commentaire pour des critiques gastronomiques, décernent les bons et les mauvais points quant au service ou à la nourriture. Après tout, qu'en démocratie n'importe qui puisse dire n'importe quoi, c'est la règle, mais que descendre dans les restaurants devienne un sport de combat, avec ses exercices quotidiens, cela laisse autrement perplexe. Chaque cuisinier remet sur l'ouvrage chaque jour sa réputation et la qualité de son savoir-faire, chaque jour donc peut-il être sous le feu des critiques et se voir accabler de tous les maux. Ainsi la présentation de

1. Je remercie ici ma compagne, Marion Briffod, d'avoir attiré mon attention sur ce fait regrettable pour l'avoir expérimenté en tant que restauratrice. Elle sait, quant à elle, l'estime que je lui porte – elle qui, à mes yeux, est inestimable.

son assiette était trop vieillotte, le steak mal cuit, les légumes mal assaisonnés, les frites mal calibrées ; la serveuse, elle, était antipathique, ou pas assez souriante, ce qui suppose tout de même qu'elle ait un peu souri, le service fut trop long ou trop rapide. On peut comprendre parfois la déception, surtout lorsque l'on paye une prestation, mais cette manière de parler dans le dos de quelqu'un qu'on avait en face de soi souligne une certaine lâcheté, ou un malin plaisir à pouvoir faire ou défaire sa réputation.

En d'autres termes, cela dit davantage de la jouissance du troll que de son attention pointilleuse au savoir-faire culinaire et hôtelier. Il jouit de titiller l'autre, de l'irriter, de l'énerver. Il est obligé d'être désobligeant. Son petit plaisir est de s'emporter et de porter préjudice à autrui. Le paradoxe, c'est qu'il prend plaisir au déplaisir de l'autre, et qu'il existe en se masquant. Le troll se met en lumière en restant dans l'ombre.

Son mode d'évaluation est la dévaluation. Ce qui est proprement nihiliste, au sens que l'on prête à ce mot, à savoir celui d'une dévaluation de toutes les valeurs. Rien ne vaut à ses yeux, pas même lui, si bien qu'il peut tout dévaluer. C'est ainsi qu'il note et qu'il juge, qu'il donne sa sentence, qu'il condamne. Son jugement est juste : il est à la fois probe et adapté. Sa justice tient dans la justesse de son jugement. Et c'est en cela que le troll ne pouvait apparaître que dans notre époque, puisque celle-ci est celle de l'évaluation constante, de ses grilles, de ses questionnaires, de ses items à remplir, de ses cases à cocher. Or quelle valeur a une évaluation, sinon celle éphémère de l'instant où l'on évalue ? Le problème, c'est que l'avis donné sur Internet demeure, il ne peut être supprimé (sur Google, par exemple). La dévaluation est donc archivée : le jugement vaudra pour ce mauvais jour comme pour les prochains. On réduit ainsi quelqu'un à une supposée erreur. On mésestime quelqu'un et on fait de cette mésestime l'estime objective que l'on devrait avoir de lui et de son travail. Ce qui ne manque pas de saveur, puisque dans ce nihilisme ambiant, un trois-étoiles se trouve parfois moins bien noté sur Tripadvisor qu'un fast-food de tacos s'honorant de ses suppléments sauce fromagère, tenders et cordon bleu. Avoir, pour un trois-macarons, moins d'étoiles en notation web que dans celle accordée par un guide gastronomique réputé en dit long sur le *trolling* et ses conséquences délétères.

Par ce mode d'évaluation, on norme en des formats standardisés ce qui ne relève d'aucune norme. Car ce qui fait la valeur de tout être, de tout travail, c'est son caractère inévaluable : on n'estime que ce qui est inestimable. N'a de valeur que ce qui est d'une valeur absolue. Or le troll s'est conformé au conformisme du marketing : il cherche l'efficacité. Un restaurant, pour reprendre cet exemple (mais cela s'étend à toute chose et à tout travail), doit répondre des objectifs qu'on attend d'un tel établissement, sans quoi il manque à son élémentaire capacité de satisfaire ses clients. Sauf que désormais c'est le troll qui fixe le positionnement d'une entreprise, et qui redéfinit les tactiques de réalisation des attendus. Autre version pour dire que le troll dévalue en surévaluant un service : à fixer la barre trop haut, il ne peut qu'être déçu de tout ce qui n'y parvient pas. Il est donc à la fois le parti et le juge, l'évaluateur et l'évalué. Il s'improvise ainsi conseiller, mais les conseilleurs ne sont pas les payeurs, même après une addition réglée.

C'est d'ailleurs cette dernière l'objet du litige : « C'est cher pour ce que c'est. » Cela ne signifie rien de plus que : « Une telle note m'a coûté, je vais donc vous faire casquer, vous allez payer de votre personne, de votre réputation. » Encore une fois, le troll fait les frais de sa déception. Lui qui a épargné pour s'offrir cela n'épargnera pas celui qui ne lui a pas rendu le service qu'il estimait devoir recevoir. « Moi, on me traite comme ça ? » Le plus élémentaire manque d'humilité préside à la plus élémentaire des humiliations. On estime qu'on n'a pas été assez estimé et l'on retourne cette mésestime de soi contre celui qu'on incrimine de ne pas nous avoir traité avec l'égard que nous méritions d'avoir. En retour, il aura, lui, ce qu'il mérite. Ainsi en va-t-il du nihiliste contemporain, que l'on reconnaît sous les traits du troll, qui mésestime l'autre parce qu'il (se) surestime. Le troll sous-estime celui qui l'a mal surestimé.

## *« Hais ton prochain comme toi-même »*

*Plus il hait, plus il est.* Sa haine lui offre une consistance existentielle qu'il n'avait pas auparavant, tout en évidant autrui de sa substance. Comme l'autre existe trop à ses yeux, qu'il est trop encombrant, il s'agit de lui faire perdre sa contenance, de lui dégonfler la baudruche. En bref, *plus il hait, moins l'autre est.* Si la haine fait exister le troll, c'est dans la mesure où ce dernier vampirise : il se nourrit de la moelle de celui qu'il méprise ; il existe par l'existence de l'autre à laquelle il essaye d'attenter. Votre amour de soi le renvoie à sa détestation de lui-même. C'est pour cela qu'il m'aime sous couvert de haine. Sa haine est toujours un amour étouffé, rentré. Il n'est rien, mais voudrait être tout – à la place de celui ou celle qu'il prend pour son tout. Les trolls n'aiment pas qu'on s'aime. Leur devise est : « Hais ton prochain comme toi-même. »

Ce que Nietzsche dit ainsi :

> Entraîner à l'amour : nous devons redouter celui qui se hait lui-même, car nous serons

les victimes de sa rancune et de sa vengeance. Cherchons donc comment l'entraîner à s'aimer lui-même[1] !

Il n'est pas un vrai haineux : c'est un amoureux transi. Souvent, d'ailleurs, le troll en vient à se calmer, et une amitié peut naître. S'il s'estimait, sa rancune serait amoindrie. Il abhorre l'autre dans la mesure même où il se conchie. Le mépris du troll est une méprise : il se trompe d'adversaire. C'est contre lui qu'il devrait mener une guerre, une lutte pour l'amour, pour l'amour de soi et pour son amour-propre. Car il y va des deux : à la fois doit-il apprendre à se contenter de ce qu'il est, à se réjouir de ce qu'il a accompli, à se valoriser humainement, pour gagner, à la fin des fins, en fierté et en orgueil. L'amour-propre, au contraire de ce que pense Rousseau, n'est pas une mauvaise chose, il provient même de l'amour de soi : à gagner en considération pour soi-même, on gagne en superbe.

Ces affects sont toujours liés à une impuissance fondamentale. Les principaux affects du

---

1. Nietzsche, *Aurore*, *op. cit.*, § 517.

troll sont la haine, l'envie, la dérision. Spinoza, dans l'*Éthique*, définit le premier ainsi : « La *Haine* est une Tristesse qu'accompagne l'idée d'une cause extérieure[1]. » Définition d'une simplicité lumineuse, mais qui, en raison de son économie même, mérite explication. Le haineux – ou le *hater*, comme l'on dit sur le Web – est triste à l'idée que quelqu'un d'autre que lui ne le soit pas. Ce qui signifie, pour Spinoza, que la haine est toujours une envie devant la joie d'autrui. On est peiné par une réussite qui n'est pas la nôtre, mais qu'on aimerait qu'elle le soit.

Le philosophe hollandais est on ne peut plus clair sur cette jalousie : « L'*Envie* est la Haine en tant qu'elle affecte l'homme de telle sorte qu'il soit contristé par la félicité d'autrui et au contraire s'épanouisse du mal d'autrui. » L'envieux est honteux : son plus grand remords est de n'avoir que des regrets. On peut éprouver des remords relativement à quelque chose que l'on aurait mal fait ; le regret, lui, est le signe d'un renoncement, d'un manque

1. Spinoza, *Éthique*, trad. Charles Appuhn, Paris, GF Flammarion, 2006, III, définition 7, p. 200.

d'audace : on n'a pas osé, on est resté impuissant. Ce qu'il a mal fait, finalement, c'est de ne pas y être allé, de ne pas l'avoir fait, de ne pas avoir été hardi et déterminé. Son indécision lui a fait manquer quelque chose, en tout cas le pense-t-il et en souffre-t-il. De là, l'envie affecte l'être marri : autrui figure tout ce qu'il n'a pas réussi à être ou à devenir.

C'est pourquoi la moquerie est son registre fondamental. Il doit tout réduire à sa petitesse, faute d'avoir pu embrasser la grandeur. « La *Dérision*, écrit Spinoza, est une Joie née de ce que nous imaginons qu'il se trouve quelque chose à mépriser dans une chose que nous haïssons. » Est dérisoire, donc, le succès de l'autre, rappelant l'envieux railleur à son propre insuccès. Ce qu'il méprise, c'est bien sûr la puissance d'autrui qui accomplit ce qu'il a toujours raté, mais c'est avant tout lui-même. Il hait ce qu'il est ; il se méprise de s'être mépris sur ses ambitions ; il ironise sur l'ironie du sort qui l'a destiné à n'être rien. L'aigreur constitue le fond de sa personne.

Dans l'amour – qui « est une Joie qu'accompagne l'idée d'une cause extérieure » –, on se réjouit à l'idée que l'aimé·e y arrive, atteigne son but, se réalise. L'amour est la rencontre de deux puissances qui s'augmentent. Aimer, c'est être l'allié de l'être aimé. La haine mobilise tous les affects tristes : elle cherche à diminuer l'autre, à le dévaloriser, à le rendre impuissant. Chez Spinoza, la vie ne se juge pas selon le bien ni le mal ; mais il y a, toutefois, des choses bonnes et mauvaises pour la vie. Est bon ce qui favorise la réalisation et le perfectionnement de soi ; est mauvais ce qui les défavorise. Le désamour commence toujours quand on aimerait que l'aimé·e ne réussisse pas autant que nous ; quand les alter ego deviennent des alter inégaux.

Le haineux désire, dès lors, non pas notre progression mais notre régression. Alors que le « *Contentement de soi* est une Joie née de ce que l'homme se considère lui-même et sa puissance d'agir », il aimerait que nous soyons mécontents de nous-mêmes. Ce qu'il cherche, c'est plus encore que l'humilité, l'humiliation. On aurait toutes les bonnes raisons de s'estimer content d'un travail bien fait ou d'une quelconque réussite ; mais c'en est déjà trop pour lui. Il n'est content qu'à provoquer le mécontentement par ses bravades. À tout prendre, il préférerait que l'on soit modeste. C'est le seul éclat d'orgueil qu'il nous pardonnerait. C'est pour cela que l'humilité, pour Spinoza, est « une tristesse née de ce que l'homme considère son impuissance ou sa faiblesse ». Est humble celui qui sait qu'il ne peut rien faire. On a besoin d'humilité pour supporter son propre échec. Voilà une définition à contre-courant de notre époque. Humble, le troll peut donc l'être : dans son cas, c'est de la simple honnêteté intellectuelle.

### *Le troll hait ce qu'il aime : une protection contre son excitation*

La psychanalyse a introduit un terme dont on ne fait plus grand cas aujourd'hui et qui ne constitue plus un outil de pensée et de compréhension, c'est celui d'« excitation ». L'excitation est un stimulus physique et psychique qui peut être tout aussi bien plaisant que déplaisant. Celle-ci nous anime et nous incline à faire quelque chose. Le sujet est à la fois réceptif et actif. Il est mû parce qu'il est ému. Bref, toute excitation est une incitation. Et c'est cette incitation qui pose problème au sujet. La protection qu'il met en place pour se protéger d'un possible acte ou d'une possible pensée répréhensible à ses yeux se traduit par un dégoût confinant à la haine. D'avoir été testé par l'autre dans sa résistance, il le déteste. Mais c'est qu'il a été touché et qu'il crie de toutes ses forces : « Ne m'incite pas, ne me tente pas ! »

Cette dimension est largement mésestimée dans l'approche des comportements. Car ce que Freud nous a appris, c'est que l'excitation d'un individu est toujours d'ordre libidinal. Elle ne signifie pas nécessairement un désir sexuel, mais elle indique à chaque fois une agitation mêlant plaisir et déplaisir à l'idée ou à la vue de quelque chose. Voulez-vous savoir ce qui excite quelqu'un ? Laissez-le parler de ce qui l'indigne, l'outre, l'énerve et le répugne. On a tous cette connaissance qui, se scandalisant des relations toxiques, est la première à s'y fourrer gaiement. Les moralistes le disaient autrement : la vertu est un vice déguisé. C'est que l'excitation de l'indignation est toujours double : elle témoigne d'une attraction-répulsion. Ô combien faut-il être attiré par quelque chose pour crier à son encontre sa haine sur tous les toits ! On peut naturellement être rebuté par un comportement, un acte, une personne, mais la fixation de haine sur cet objet n'est rien de plus que l'aveu du charme qu'il opère.

C'est un scandale que d'affirmer cela à une époque où le bien et le mal sont si bien tranchés et opposés. Et c'est précisément parce que c'est scandaleux qu'on ne veut ni le voir ni l'entendre. Imaginez qu'on apprenne à un homme misogyne que les femmes qu'il considère comme faciles, dépravées et débauchées sont le centre même de son désir et qu'il ne hait que ce qu'il aime et inversement. Considérez encore les masculinistes qui détestent les néoféministes : ne sont-ils pas excités par le risque supposé de castration ? Ne tendent-ils pas la verge pour se faire battre ? Pareillement, imaginez qu'on apprenne que l'inflation des qualificatifs de « pervers narcissique », de « relation toxique », de « *red flags* » ne fait que témoigner de ce qui ne cesse d'exciter dans notre cerveau archaïque l'idée d'une passion dévoratrice et mortifère (la littérature ne raconte que des relations toxiques[1]). Et on pourrait continuer :

1. Clotilde Leguil a écrit un livre important et nécessaire sur cette question : *L'Ère du toxique. Essai sur le nouveau malaise*

les antifascistes de profession ne désirent-ils pas inconsciemment le tyran pour justifier leur révolte infantile ? Enfin, les contempteurs féroces du patriarcat ne demandent-ils pas indéfiniment le père, puisque tuer le père, c'est attester qu'il est bien encore vivant ? Quel est donc ce plaisir que l'on prend à parler de son déplaisir ? À ce constat des plus élémentaires du point de vue du fonctionnement psychique de l'être humain, on pousserait des cris d'orfraie, les injures pleuvraient, l'anathème s'abattrait.

Le racisme, lui aussi, est sexuel. L'éternel racisme envers les personnes noires relève du fantasme du colonialiste voyant en elles un côté

---

*dans la civilisation*, Paris, PUF, 2023. Elle traverse notamment l'histoire de la littérature pour montrer l'empoisonnement qui s'immisce dans les relations humaines et dans nos vies, tout en faisant une interprétation psychanalytique de ce phénomène où le sujet n'est pas simplement l'objet d'une aliénation venant de l'autre, mais aussi le jouet de sa propre jouissance. Autrement dit : on est tout aussi toxique pour soi que l'autre ne l'est pour moi. Comment dès lors sortir de ce schéma où nous consentons parfois nous-même à notre propre servitude volontaire ? C'est là, depuis son commencement, tout le mystère de l'inconscient que la psychanalyse se propose de prendre en charge. Et qui, aujourd'hui, retrouve sa dimension provocante et scandaleuse.

bestial, hypersexué, désirable, sauvage. Ainsi en est-il du sexe de l'homme noir que l'on suppose être plus viril que celui de l'homme blanc, plus grand et plus gros. Il y a là une excitation sexuelle certaine, et une angoisse de ce qu'il pourrait coucher avec nos femmes et nos filles, et nous humilier par là même. Et ce racisme perdure dans les stéréotypes véhiculés par la pornographie. Sur tout site à contenus pornographiques existe une catégorie « BBC » : *Big Black Cock* – « grosse bite noire ».

On ne comprend pas que l'excitation est duelle : elle relève d'une « hainamoration », d'une coexistence de l'amour et de la haine chez le sujet. Il faut en ce sens se méfier grandement de ceux qui condamnent les comportements déviants. Une telle condamnation traduit un charme trouvé à ce qui les révolte. Le dégoût de quelqu'un indique en négatif le plus souvent son goût. L'abbé Pierre, comme tant d'autres, en est l'exemple fameux : voilà un prêtre prêchant la morale et dont l'excitation se trouvait dans des comportements immoraux. Gardons-nous de sanctifier les vivants : les saints sont parfois malsains. Nous sommes humains, trop humains, et l'humanité vise bas.

Ainsi en est-il du troll qui aime ce qu'il hait et qui hait ce qu'il aime. Plus il hait, plus il aime. Son être tout entier réside dans cette hainamoration où l'objet d'excitation occupe la double place de l'adoration et de la détestation. On ne brûle que ce qu'on a aimé. On le constate sur les réseaux : les fans d'aujourd'hui peuvent devenir les *haters* de demain. L'amour, on le sait, ne s'oppose pas à la haine. Les réactions sur les réseaux sont des réactions aux stimulus que provoque l'excitation chez l'internaute. Qui prendrait la peine de commenter et d'avilir quelqu'un s'il n'était pas excité à sa vue, si sa vue ne suffisait pas à produire en lui une excitation qu'il fallait rejeter ? Cachez ce sein que je ne saurais voir !

Le phénomène doit être analysé en ce sens : le commentaire haineux est un pare-excitation dont le but est de protéger le sujet du stimulus qu'il reçoit. Pourquoi le protéger ? Car cette excitation entre en contradiction avec son éducation, sa religion, sa morale. S'il faut la rejeter, c'est que du plaisir a été ressenti. Le proverbe dit faux : pour la plupart des individus, il y a du mal à se faire du bien. Et la culpabilité fonctionne comme une censure devant un plaisir qui nous est insupportable à ressentir ; de là qu'il faille le mettre à distance en le fixant au-dehors dans la haine. Tout commentaire haineux ne fait en ce sens que commenter le malaise intérieur du sujet devant le plaisir coupable qu'il ressent devant ce qu'il voit. Toute réaction fielleuse est un pare-excitation à une excitation vécue comme une incitation à une pensée ou à un acte allant à l'encontre de ses interdits et de ses tabous. La haine est en quelque sorte la dénégation de son désir.

Cet esprit du temps ne touche pas que le troll. Toutes les censures qui ont lieu sur Instagram et Facebook, par les algorithmes des réseaux eux-mêmes, censures quant à la nudité des femmes, quant aux œuvres d'art représentant des corps nus, quant aux mots vulgaires liés à la sexualité, toutes ces censures proviennent d'un puritanisme où le sujet se voit choqué par ce qui l'excite. C'est l'esprit puritain du protestantisme américain, d'où sont sortis et le capitalisme et ces réseaux, qui opère comme un tabou sur l'agitation sensuelle. En cela, la censure fonctionne comme un gigantesque pare-feu protégeant la diffusion d'information qui pourrait disconvenir à l'utilisateur.

On protège celui-ci de sa propre sensibilité, c'est-à-dire de sa propre sensualité. Ce refoulement organisé fait le lit du défoulement du troll : à ne pas accepter ses sentiments, il vit dans le ressentiment ; à se ronger de l'intérieur, il veut bouffer tout le monde à l'extérieur.

### *Salir : le mal propre du troll*

Ce qui est propre au troll, c'est de salir. Le troll pollue. C'est pour cette raison que son comportement est toxique. L'apparition de ce terme dans la langue courante dit quelque chose de cette néohaine qui trouve dans le *trolling* sa manifestation la plus exemplaire. Il s'agit de souiller ce qui appartient à l'autre. Michel Serres avait mis au jour cette logique d'appropriation par la salissure dans un livre intitulé *Le Mal propre*[1]. Le chien urine pour marquer son territoire, et l'humain pollue pour que ce qu'il a pollué soit à lui. Le mal propre de l'humain est d'être malpropre. Ce qui est propre, pour lui, est ce qui est sale. Se coucher dans les draps d'un inconnu nous

1. Michel Serres, *Le Mal propre*, Paris, Le Pommier, 2012.

est désagréable, l'inconfort nous empêche de dormir ; pis encore, un poil oublié sur une literie immaculée nous fera grogner sur les sites de notation quant à l'hôtel en question, mais dormir dans son lit taché et encrassé, dans ses odeurs corporelles, ne dérange personne ; on y trouve même quelque réconfort. Ainsi en est-il de cette humanité qui marque son territoire en détériorant celui d'autrui. Il suffit de cracher dans un plat pour que celui-ci soit le nôtre. Le troll fonctionne pareillement : pour s'approprier ce qui est propre aux autres, pour tirer la couverture à soi, il doit baver, abîmer, cochonner, couvrir de ses déjections langagières, de son purin verbal. En souillant, il est, enfin, proprement lui-même.

Sa pulsion sadique-anale prend ici tout son sens : il menace autrui de salir sa réputation, de le « foutre dans la merde jusqu'au cou ». En marquant, sur un forum ou une publication, son territoire, il cherche à déposséder l'autre de ce qu'il est. Le troll se hait ; son manque à être promeut l'autre à n'être qu'un déchet. C'est la situation classique et bien connue de celui qui projette sur l'autre ce qu'il est ou croit être. *Plus l'autre est, plus il (se) hait et moins il est*. C'est ainsi que sa haine doit désavouer l'autre dans son existence. « Tu n'es rien. » Autre version pour dire : « Tu n'es qu'une merde. » L'être détesté est nécessairement un étron.

### *Le* trashtalking *:* *Mohamed Ali et Ibrahimovic*

Le *trashtalking,* cette façon de parler de manière outrancière de quelqu'un, est la forme parodique et sublimée de cette volonté de salir l'autre. On s'amuse d'une rivalité en dénigrant son ennemi. C'est le cas, notamment, dans des sports comme la boxe ou le MMA. On se chambre, on se taquine, on se cherche. Mohamed Ali en fut le maître. D'autres lui ont succédé, mais il en reste le maître incontesté. Alors qu'il va affronter George Foreman au Zaïre, en octobre 1974, il annonce la couleur à son adversaire avec une verve inouïe :

« *For this fight, I've wrestled with alligators, I've tussled with a whale. I done handcuffed lightning. And throw thunder in jail. You know I'm bad. Just last week, I murdered a rock, injured a stone, hospitalized a brick. I'm so mean, I make medicine sick. I'm so fast, man, I can run through a hurricane and don't get wet. When George Foreman meets me, he'll pay his debt. I can drown the drink of water, and kill a dead tree. Wait till you see Muhammad Ali.* »

« *Pour ce combat, j'ai lutté avec un alligator ; je me suis battu avec une baleine ; j'ai mis les menottes à un éclair ; j'ai jeté le tonnerre en prison. Rien que la semaine dernière, j'ai tué un rocher, blessé une pierre, envoyé une brique à l'hôpital. Je suis si méchant que j'ai rendu la médecine malade ! Je peux courir à travers un ouragan sans me faire mouiller. Quand George Foreman va me rencontrer, il va payer sa dette. Je peux noyer un verre d'eau, et tuer un arbre mort. Attendez de voir Mohamed Ali.* »

Mohamed Ali est un boxeur qui n'aurait pas à rougir devant un Prix Nobel de littérature. L'inverse, hélas, est moins sûr. Si le boxeur est nobélisable, le Prix Nobel, lui, n'est pas boxable. Sa véhémence n'est autre que celle du Cyrano de Rostand : son verbe s'escrime déjà avec son adversaire. Le combat a déjà débuté. Mohamed Ali provoque, au sens propre de ce mot : il appelle au-devant de lui (*pro-vocare*), il somme son adversaire de répondre verbalement ou sur le ring. L'explication se fera entre hommes, c'est-à-dire entre gentlemans. Parce qu'il ne faut pas se méprendre, dans ces mots, la haine est sublimée : user d'un tel lyrisme pour chambrer son adversaire est un témoignage de respect. Ali ne va pas boxer n'importe qui : Foreman est le meilleur des poids lourds, son seul égal, ou le seul qui peut prétendre l'être. Les *punchlines* de Casus Clay sont un hommage. L'un des deux perdra avec les honneurs. Le *trashtalking* se différencie du *trolling* (dans sa forme haineuse et ressentimentale), en cela qu'il ne dénigre l'autre que pour du beurre. Qui aime bien châtie bien. Il est l'égard que l'on rend à celui qu'on estime ; le signe même du respect que l'on a pour celui qu'on affronte ; les honneurs qu'un soldat rend à son ennemi.

Un autre maître du *trashtalking* mérite d'être cité : Ibrahimovic. Ce n'est pas simplement dans son impressionnante carrière footballistique qu'il s'est illustré, mais aussi dans sa carrière de troll. « Zlatan », comme beaucoup de ses fans l'appelaient, était devenu maître en formules chocs. Citons l'œuvre. À son arrivée au PSG, sûr de son fait : « Je ne connais pas beaucoup la Ligue 1 mais la Ligue 1 sait qui je suis. » Ou encore, lui le gamin de Suède qui a commencé sa carrière à Malmö : « J'ai placé la Suède sur la carte du monde et, maintenant, j'ai aussi placé la France sur une carte du monde. J'en suis très heureux. » On pourrait crier à la mégalomanie ; s'offusquer d'un tel mépris, d'une telle morgue. Quelle arrogance ! Mais comme Mohamed Ali, s'ils sont arrogants, c'est qu'ils peuvent l'être. L'immodestie est le fait de se croire meilleur qu'on ne l'est. Se reconnaître parmi les meilleurs, lorsqu'on en est, est purement constatatif. Et les deux ne se gênaient pas pour le dire. Ali : « Si vous étiez à ma place, vous auriez du mal à rester modeste. » Ibrahimovic : « Je n'ai pas besoin d'un Ballon d'or pour savoir que je suis le meilleur. »

Ce n'est toutefois pas cela l'important. Ce qui importe, c'est qu'à chaque fois, ce *trolling* est, paradoxalement, une manière de rire de soi. L'ironie est la politesse des grands. Seuls ceux qui sont sûrs de leur fait peuvent avoir de l'autodérision. Le « minable », lui, ne rit jamais de lui-même. Et l'on en connaît tous : plus ils sont mauvais, plus ils sont méchants. La médiocrité se pare des habits pontificaux de la supériorité pour masquer son complexe d'infériorité. Le médiocre se donne une contenance qu'il n'a pas. S'il est plein de dédain, c'est pour atténuer le fait qu'il sonne creux. Au contraire, rire de son talent, le porter à l'acmé de la prétention, c'est avoir l'élégance de ne pas le faire peser sur les autres. Celui qui se dit grand est nécessairement petit aux yeux de ceux qui le regardent d'en bas. Se prétendre le plus grand, c'est donner une chance au plus petit de nous regarder de haut. « Mais pour qui il se prend celui-là ? Il est grotesque, risible. Son arrogance le déshonore. » La condescendance des aristocrates donne enfin une noblesse aux snobs. Elle leur donne l'occasion d'exister. Les petits n'existent que parce qu'il y a des grands. La modestie est l'excuse que se donnent les médiocres.

## *Rejeter la faute de son être-en-défaut*

Le fait que l'autre soit quelqu'un, qu'il existe aux yeux des autres et du monde, qu'il ait une reconnaissance ou une position sociale, tout cela fonctionne comme un désaveu de la vie du troll, qui n'a pas toujours la superbe du *trash-talking* pour faire valoir sa valeur. Le *trolling* est plus mesquin. Il y a une sorte de négativité à l'œuvre : tout ce qui est positif pour l'autre est négatif pour lui et en vient à le creuser du dedans. Il est confronté à son propre manque, c'est-à-dire ici à son propre manquement. Son manque-à-être est un manquement-à-être. Il est passé à côté des possibilités qui étaient les siennes et qui s'offraient à lui.

Heidegger nomme, dans *Être et Temps*[1], cette disposition fondamentale de l'existant

1. Heidegger, *Être et Temps*, trad. Martineau, édition hors commerce. Je tiens ici à rendre hommage à Emmanuel Martineau, disparu en février 2025, et qui aura traduit *Sein und Zeit* sans que jamais cette traduction ne paraisse officiellement. Nous sommes des milliers d'étudiants à avoir travaillé sur ce grand livre du XX^e^ siècle dans cette version que nous imprimions ou reliions de manière clandestine et que nous nous faisions passer sous le manteau. Nous n'étions pas les

l'« être-en-dette » (*Schuldigsein*). Ce caractère ontologique est, pour le penseur allemand, décorrélé de toute moralisation. Je l'emploie, pour ma part, davantage en moraliste français, afin de montrer la dimension vaniteuse d'un attribut. *Schuld* en allemand signifie la « dette », le « tort » ou la « faute ». *Schuldig,* c'est être responsable ou coupable. L'être-en-dette, au sens heideggérien, est la manière dont l'existant (le *Dasein*) se ressent au monde : il est appelé par des possibilités d'existence qu'il saisit ou non. Ainsi peut-il y répondre, en répondant par là même de son existence fondamentale qui consiste à se choisir, ou ne pas y répondre, c'est-à-dire rester dans l'indécision qui l'empêche de décider de ce qu'il sera. Or ce manquement aux possibles qui s'offrent à lui depuis l'avenir est constitutif de l'être-en-dette. Le tort

seuls, nos professeurs travaillaient également sur ces copies. Sa traduction avait cette qualité de tenter de respecter le caractère quasi courant de l'allemand employé par Heidegger – même si cela était impossible –, et de ne pas affecter celui-ci d'une lourdeur métaphysique, et d'une rigidité conceptuelle, que le penseur allemand aurait réprouvée. Si je devais le dire autrement : Martineau tentait de traduire l'allemand en français, tandis que ses collègues traduisaient l'allemand en un allemand francisé. Ce qui ne revient pas au même.

lui revient de ne pas s'être décidé. L'existant est celui qui a à être lui-même, mais il peut manquer à cet impératif ou à ce devoir-être.

Dès lors, si l'existant est celui qui se préoccupe de son existence même, c'est qu'exister consiste à se soucier de celui qu'on va devenir et à choisir par conséquent celui qu'on sera. Or tout le problème avec le *hater* qui se trouve derrière son écran, c'est qu'il s'est défaussé de son existence en faisant le reproche aux autres d'y avoir répondu. Son défaut, c'est de s'être défaussé. Sa responsabilité, c'est de s'être déresponsabilisé. Des opportunités se sont présentées à lui en engageant son existence tout entière, et il s'est dérobé. Sa défection lui coûte aujourd'hui : il est coupable de ne pas avoir choisi son avenir. Il est, au présent, tout ce qu'il n'a pas réussi à être, l'ensemble de ses torts, de ses fautes, de ses manquements, de son irresponsabilité.

Sartre aura appelé – dans *L'Être et le Néant*[1] – cet être-en-défaut de soi la « mauvaise foi » : cette manière que l'humain a de ne pas répondre de ses responsabilités devant

1. Sartre, *L'Être et le Néant*, Paris, Tel Gallimard, 1994.

son existence, de ne pas se choisir, de nier sa liberté, de paraître ce qu'on attend de lui plus que d'être ce qu'il voudrait être librement, de laisser les autres décider pour lui.

Il est ce qu'il aurait pu être et n'a pas été. Il porte, ainsi que le dit Heidegger, une négativité qui le nie dans son existence. Il est cet être négatif qui a manqué d'être soi. Il n'est pas devenu un autre, mais il est moins que ce qu'il aurait pu être. Il culpabilise dès lors l'autre d'être devenu ce qu'il est ; il rejette la faute de son être-en-faute sur autrui.

## *La jalousie : voir sans être vu*

Le troll ne se définit pas par ce qu'il fait, mais par ce qu'il défait. Faute de n'avoir pu réaliser une œuvre, il cherche à pousser l'autre dans le désœuvrement. La jalousie est le sentiment qui prédomine chez lui. Il envie ce qui lui fait envie. Il faut entendre par « jalousie » tous les sens que recouvre ce mot : premièrement, il dit une ouverture en architecture par laquelle on peut voir sans être vu ; deuxièmement, il dit le dépit envieux que l'on ressent à la vue des avantages d'autrui. S'il est jaloux, le troll l'est en ce qu'il épie – lui l'œil sans paupière, le surveillant avide de ragots – la vie des autres. Il voit, de manière cachée, sans se faire voir. Il utilise tous les stratagèmes pour s'immiscer dans la vie de ceux qu'il suit sans qu'il soit repéré et remarqué par ces derniers. Sa jalousie est telle qu'il se garde jalousement de celui qu'il jalouse.

Ce syndrome du *stalker* était déjà décrit dans *L'Éternel Mari* de Dostoïevski. Le personnage principal du roman, Veltchaninov, est suivi par un homme mystérieux, Troussotsky. Celui-ci, en deuil, a perdu sa femme. Hanté par ce dernier, le premier se demande pourquoi donc il est poursuivi ; jusqu'à ce que les masques tombent. Veltchaninov était l'amant de la femme défunte de Troussotsky. Ce dernier, comme tout mari trompé, forme une sorte d'admiration pour celui qui l'a rendu cocu. Le troll est à l'image de ce Troussotsky : il poursuit autrui, en tant qu'autrui l'aurait lésé. Mais ce tort, bien loin de refroidir celui qui le subit, l'exalte et force son admiration. On n'aime bien que ceux qui nous blessent. Aimer, c'est toujours aimer une blessure qui nous a été infligée.

On connaît tous cet ex qui *stalke*, qui vient voir ce qu'on est devenu, s'assurer que rien n'a changé, tenter de savoir si les personnes avec qui il nous voit sont nos amis ou pas, guetter le désir et l'attirance de ceux et celles avec qui on pose et on s'affiche, surprendre notre bonheur alors qu'il aimerait que l'on soit malheureux·se. Après moi le déluge ! On vérifie que tout est calme, que rien ne va, ou que l'on « fait aller », sans plus, sans euphorie ni joie particulière. L'ex ne veut pas que la vie reprenne après lui, et c'est ce qu'il vient chercher en nous suivant à la trace. Il arrive qu'on le bloque, parce qu'on l'a surpris à voir une de nos *stories*, parce qu'il nous a écrit après avoir vu telle publication. On veut couper les ponts qu'il ne cesse de reconstruire. Il arrive qu'il recrée un compte anonyme pour continuer à nous épier. Il nous observe de loin, en cachette, jouissant de nous voir à notre insu ; il jalouse notre vie et s'il le pouvait il ferait tout pour qu'elle ne reprenne pas, pour qu'il soit le dernier. Ainsi en va-t-il de cette filature jalouse où l'autre aimerait que notre vie se soit arrêtée le jour de la rupture, comme brisée à jamais par cette séparation.

L'envie, c'est vouloir ce que l'autre a ; la jalousie, c'est vouloir que l'autre n'ait pas ce qu'il a. La première peut être positive, la seconde est toujours négative. Elle vient du mesquin sentiment de voir l'autre défait, ruiné, néantisé. À vouloir que l'autre n'ait pas ce qu'il a, on voudrait qu'il ne soit pas ce qu'il est ; autre façon de dire qu'on aimerait qu'il ne soit plus. Il existe, pour un sens, trop pour nous. Il fait trop de bruit, prend trop de place. On aimerait qu'il débarrasse le plancher, qu'il se taise à jamais. Le fond ignoré de toute jalousie est, comme dans toute haine, celui de la destruction morbide.

### *Un esclave voulant régner sur son maître*

Toute la question est de savoir comment on passe du simple suivi à la poursuite, au filage, à la traque de celui qu'on admirait et que, désormais, l'on hait. Le cyberharcèlement procède d'un effet pervers de la technique : les moyens numériques nous isolent ; seul face à un écran, je me crois inévitablement le centre du monde. De là, tout ce qui arrive n'arrive qu'à moi ; le harceleur se sent visé par tout ce qu'il voit, tout ce qui est dit. Il prend tout pour lui, toute adresse lui est destinée. Chaque mot est un affront ; chaque image, une offense. La meilleure défense étant l'attaque : il riposte à ce qu'il croit être un comportement malveillant à son égard. Le harceleur se croit, en fait, harcelé. Il ne rend à l'autre que la monnaie de sa pièce. C'est un cas de légitime défense qui se mue en un cas de légitime offense. Une telle surinterprétation peut relever, dans certains cas, d'un trouble paranoïaque. Lacan donnait lecture de ses différentes manifestations comme suit :

> La tendance agressive se révèle fondamentale dans une certaine série d'états significatifs de la personnalité, qui sont les psychoses paranoïdes et paranoïaques. [...]
>
> Ainsi se série de façon continue la réaction agressive, depuis l'explosion brutale autant qu'immotivée de l'acte à travers toute la gamme des formes des belligérances jusqu'à la guerre froide des démonstrations interprétatives, parallèlement

> aux imputations de nocivité qui, sans parler du *kakon* obscur à quoi le paranoïde réfère sa discordance de tout contact vital, s'étagent depuis la motivation, empruntée au registre d'un organicisme très primitif, du poison, à celle, magique, du maléfice, télépathique, de l'influence, lésionnelle, de l'intrusion physique, abusive, du détournement de l'intention, dépossessive, du vol du secret, profanatoire, du viol de l'intimité, juridique, du préjudice, persécutive, de l'espionnage et de l'intimidation, prestigieuse, de la diffamation et de l'atteinte à l'honneur, revendicatrice, du dommage et de l'exploitation[1].

Ainsi parlait Jacques Lacan. Ainsi se laissait voir la psychose paranoïaque et l'agressivité qui en résulte. À lire cela, aujourd'hui, on y reconnaît certes la paranoïa, mais tout encore les manifestations les plus sommaires s'étalant sur les réseaux sociaux. Tout se passe comme si l'on assistait à une paranoïsation du lien social par l'asocialité des réseaux asociaux. La « guerre froide » des interprétations y

1. Lacan, « L'agressivité en psychanalyse », in *Écrits*, Paris, Seuil, coll. « Points », I, 1999, p. 109.

a cours tous les jours, et les passions s'y libèrent et s'y exaltent : on s'y sent persécuté, abusé, violé dans son for intérieur, espionné, diffamé, influencé. Ce champ lexical qui appartenait autrefois à la psychose est désormais le nôtre. Et le troll fonctionne comme une figure métonymique de cette dimension psychotique. Il en est à la fois l'objet et le sujet ; la victime et le bourreau ; le patient et l'agent.

Les intellectuels médiatiques et les politiques sont tous pris dans ce piège, où les médias, cherchant la phrase qui pourrait faire le buzz, les poussent à la faute, en faisant leurs choux gras la fois d'après de ce dérapage. Ces mots feront les gros titres et l'intervenant lésé sera sommé de se justifier. C'est ainsi que les débats s'hystérisent et, en s'hystérisant, provoquent les manifestations paranoïaques des débatteurs. Les discours deviendront de plus en plus grossiers dans la mesure où les réactions à cette « petite phrase » auront été de plus en plus grossières. La haine attire la haine. Et les discours phobiques viennent, parfois, de la peur installée par cette logique malsaine, où celui à qui on aura extorqué des aveux qui n'étaient pas les siens doit se défendre des attaques de ses adversaires.

De peur d'être diffamé, il prend les devants en forçant les traits. L'être médiatique devient la dupe de l'information de masse. Il se radicalise et devient son propre troll.

Une forme spécifique de la psychose paranoïaque peut aussi apparaître : l'érotomanie. Cette dernière relève de la conviction qu'un individu a d'être aimé par un autre. Le troll peut être, en pareil cas, persuadé que la personne qu'il suit l'aime éperdument. Même quand ce n'est pas le cas... John Lennon et Versace en ont fait les frais en étant tous deux assassinés par des fans. Il tente ainsi d'attirer l'attention, de tourner les regards vers lui. Sa demande d'amour est inévitablement déçue : il est seul dans cette histoire qu'il croyait vivre à deux. C'est, dès lors, l'agressivité qui va prendre le relais et prédominer : l'amour se formulera désormais dans la haine. Il pique pour être vu. Il hait pour être aimé. Il tue pour annihiler celui qui le tient délibérément dans l'ombre et l'empêche d'exister. Le *follower* est un faux *lover*.

Toutes ces formes d'agressivité relèvent de la manière dont le sujet lui-même est aux prises avec sa demande de reconnaissance. Tout sujet veut être reconnu par l'autre. Le sujet, du reste, de Hegel jusqu'à Lacan, ne répond que de cette adresse. Cet autre n'est pas donné par avance, il peut être son père, sa mère, ses frères et sœurs, son patron, son maître, son idole, Dieu, l'humanité tout entière, etc. Or cette demande est irrémédiablement insatisfaite : la reconnaissance n'advient jamais, et même quand elle arrive, ce n'est jamais ça que l'on voulait, jamais ça que l'on désirait. Tout « désir est désir de l'Autre », écrivait Lacan, en pensant à Hegel, c'est-à-dire que tout désir est désir d'une reconnaissance – frustrée.

C'est cette frustration, au reste, qui commande toutes les haines. La frustration n'est pas la privation. Dans la privation, l'objet du désir manque réellement ; dans la frustration, l'objet est là, mais il nous est refusé. Et c'est pour cette raison que le sujet dégoupille et « pète un plomb ». L'autre ne nous est pas simplement extérieur, il nous est aussi intérieur. C'est patent dans le cas du troll : pour lui, l'autre n'existe pas ; il est intériorisé, et c'est cette altérité qui le constitue subjectivement. Le troll est tout entièrement pour l'autre. Il vit pour ce dernier ; il est transi par lui inlassablement ; il se lève avec lui et s'endort sur lui. Le sujet-troll est structuré par le rejet. Tous ces jets d'encre ou de mots pixélisés procèdent de ce qu'il s'est fait un jour rejeter. Le paradoxe est qu'il ne court pas après la reconnaissance de sa subjectivité, mais après le rejet lui-même. Il répète le rejet pour supporter d'avoir été un jour bazardé, délaissé ou abandonné. Le troll n'est qu'une réplique – comme la réplique d'un tremblement – d'un traumatisme primordial.

Cette demande de reconnaissance est constitutive de tout être humain ; chez le troll, elle est toutefois exacerbée. C'est une demande au carré prenant, parfois, l'allure d'une supplique. La reconnaissance est toujours double : d'une part, elle peut être *symbolique* ; d'autre part, *imaginaire*.

Dans le premier cas, elle relève d'une assignation précise et fixe : « Je suis le fils ou la fille de..., j'hérite d'un empire, d'une entreprise, d'un prestige social, d'un capital culturel » ; ou alors « Je me suis fait un nom dans mon milieu, en construisant patiemment ma carrière ». Symboliquement, la reconnaissance est celle du nom. Mon nom n'est que le nom du père, mais également le nom de mes pairs, qui l'ont reconnu pour ce qu'il avait de singulier (un talent, un savoir-faire, une unicité, etc.).

Imaginairement, tout se complique. La reconnaissance n'est plus fixe : elle est flexible, mouvante. Dans pareil cas, je ne suis plus reconnu pour ce que j'ai fait, mais pour l'image que je renvoie. Les réseaux sociaux ont démantelé la première au profit de la seconde. Le problème est que cette dernière est capricieuse : symboliquement, la reconnaissance est stable et objective ; imaginairement, elle est éphémère et subjective. Elle n'existe, de fait, que dans le regard de l'autre. Une fois ce regard aboli, la reconnaissance s'anéantit. C'est pour cela qu'être reconnu, sur les réseaux, c'est être connu. Est reconnu celui qui est reconnu dans la rue. On ne le reconnaît pas lui, mais son image.

On pourrait reprendre toute la dialectique du maître et du serviteur, telle que Hegel la déploie dans la *Phénoménologie de l'esprit*[1] à partir de cette nouvelle disposition technique. On se souvient de la scène : un type en rencontrait un autre. Une lutte pour la reconnaissance

1. Hegel, *Phénoménologie de l'esprit*, trad. Bourgeois, Paris, Vrin, 2018.

s'engageait ; cette lutte était si âpre qu'elle finissait en lutte à mort. Celui qui n'eut pas peur de se sacrifier, de donner sa vie pour demeurer libre, de mourir debout plutôt que de vivre à genoux, celui-là devint le maître. Le serviteur, lui, fut mis au travail : il cultiva la terre, patiemment, et en forma les fruits. Un retournement s'opère à ce point. Tributaire de son esclave pour se nourrir, le maître devint dépendant du serviteur. Grâce à son savoir-faire, le serviteur se libéra des conditions naturelles, de l'hostilité de son environnement : les fruits de son travail le rendaient autosuffisant au regard de ses besoins naturels et nécessaires. Il nourrissait sa faim et celle de celui pour qui il travaillait. Le maître n'était libre que subjectivement. Sa liberté n'existait que dans le regard de son serviteur ; celle de l'esclave, dans l'objectivité de son travail. Il aurait suffi que l'esclave meure pour que le maître soit privé de cette liberté qu'on lui prêtait. Seul, il serait mort de faim, aliéné qu'il était à la besogne d'un autre. Le maître était, en vérité, l'esclave de l'esclave ; et l'esclave, le maître du maître.

Cette dialectique est, en un sens précis, semblable à celle du troll et de sa victime.

Pourquoi ? Car le troll est un esclave qui veut régner sur son maître – pour pasticher Lacan. Toute l'ironie de l'histoire est qu'il se prend pour le maître du jeu. Mais la reconnaissance qu'on lui prête n'est qu'imaginaire et subjective. Elle n'a de consistance et d'effectivité que dans le regard de celui qui le lit ou lui répond. Celle-ci ne peut pas être symbolique : de nom, il n'en a pas. Pur avatar anonyme, il croit régner sur l'objet de sa haine, alors qu'il en est dépendant. Ce ne sont pas les harcelés qui dépendent des trolls, ce sont les trolls qui dépendent de ceux qu'ils harcèlent. C'est pourquoi le conseil préventif « Ne nourrissez pas les trolls » dit avec justesse ce qu'il en est. Ils dépendent de ce qu'on leur donne à manger, comme le maître, chez Hegel, dépend des nourritures cultivées de son esclave. Mais tout maître s'aveugle : il n'est qu'un esclave qui s'ignore.

# *HOMO NUMERICUS* :
# LE TROLL INFLUENCEUR

## *Numérique et numérixe : la recherche de la dispute*

L'*homo numericus* est l'humain de la querelle. Il n'est pas, en cela, très différent de l'habitué du bistrot qui, accoudé au zinc, déversait sa haine sur les politiques, les immigrés, ou les femmes. Il s'est simplement caché et, peut-être, sevré. On pouvait pardonner au soiffard ses propos : l'alcool faisait que la passion l'emportait sur la raison. L'alcoolisme invite à une mansuétude que la sobriété retire. En inventant le numérique, on a inventé la *numérixe*.

Le terme de « rixe » renvoie à la dispute, au différend. Étymologiquement, « rixe » vient du latin *rima*, la « fente », la « fissure » ; lui-même dérivé de *ringor* : « qui ouvre la gueule ». Le même terme a donné *rimator* : « celui qui fait des recherches ». Nous proposons ainsi d'appeler « numérixe » toute dispute qui vise intentionnellement, au moyen d'outils numériques, la déchirure subjective d'un individu (son manque fondamental), afin de le déprécier et de le rabaisser. Le troll recherche avec soin sa victime, autant qu'il la cherche – c'est-à-dire la provoque – une fois qu'il l'a trouvée.

Que sur le Web on ait besoin de « modérateurs », c'est-à-dire de personnes qui régulent l'espace de discussions des différents sites ou groupes, en prenant garde à la correction de leur langage ou à la légalité de leurs messages, signifie bien que ce qui est premier dans l'ère numérique, c'est l'outrance. L'hubris de l'injure, de la diffamation, de la médisance, de l'accusation, de la calomnie, quand ce ne sont pas des propos à caractère raciste, antisémite, sexiste, transphobe ou homophobe.

### *Le tribunal du Web : l'accusation par la rumeur*

Le tribunal médiatique, tant dénoncé – et à raison –, ne siège pas simplement sur les plateaux de télévision. Il prend place tout aussi bien sur les plateformes de partage de vidéos, sur les réseaux sociaux. Il suffit que vous ayez une petite exposition médiatique pour que l'on vous passe sous les fourches caudines de la morale.

Il n'est d'ailleurs pas certain que ce tribunal rende justice. Plus que faire justice, il fait la morale. Il nous rappelle à l'ordre de ce qui est « bien » et « pas bien ». On est grondé, réprimandé ; pis encore, on est parfois sali, diffamé, jugé sur des on-dit, des rumeurs. La délation sommaire et sans preuve en est la règle. Rappelons toutefois ce fait historique : *la rumeur – comme la délation – est fasciste.* Dans un État de droit, c'est le droit qui livre la vérité judiciaire.

La vérité judiciaire n'est pas la vérité factuelle. C'est sur ce fait que s'élèvent toutes les dénonciations. Et ce fait n'est pas à contester. Mais ainsi que le disait Badinter : le doute doit profiter à l'accusé. Il vaut mieux un coupable en liberté qu'un innocent en prison. Nous parlons bien, ici, de rumeurs et d'on-dit, et non pas d'une affaire ayant été étayée par des témoignages concordants, pouvant mener à une saisine judiciaire. La rumeur ne relève, elle, que de la parole de celui qui la colporte. Elle est à charge ; elle est une charge sans charges.

Et le troll excelle dans cette accusation ou cette moralisation de l'espace public. Sa jouissance est de condamner ; de porter le discrédit sur quelqu'un. Les commentaires haineux, dans une société où la parole est désormais totalement libérée – pour le pire comme pour le meilleur –, remplacent les ragots des cafés ou des villages. Est-ce l'ennui qui nous fait parler « dans le dos » du voisin ? Ou est-ce quelque chose de fondamentalement vicié dans la nature humaine ? Certainement que ce phénomène prend place à leur confluence.

Le ragot excite. On a l'impression d'en être ; de vivre, enfin ; de jouir de la mauvaise vie de celui qui la mène grand train. On adore se mêler de ce qui ne nous regarde pas, parce qu'on a l'impression, de ce fait, d'être dans la mêlée. Il ne faut pas mésestimer cette excitation devant le vice : on jouit non seulement de casser du sucre sur le dos de son prochain, mais également de connaître sa petite vie privée. Le ragot procède d'un voyeurisme, où l'on jouit de s'immiscer dans la jouissance de l'autre. « On a vu untel partir avec unetelle… Il est pourtant marié. » On imagine les teneurs de zinc se raconter cela à l'apéritif. La moustache frétille, l'œil est brillant. Ils vivent par procuration une vie qu'ils n'ont pas.

Le troll sur Internet est le succédané de l'habitué du café qui en avait plein la bouche des rumeurs du quartier. Il a entendu que… alors il le fait savoir. Ou pire encore : il n'a rien entendu, alors il lance la rumeur. C'est qu'il rumine de n'avoir pas de vie, alors il en crée une à celui qu'il déteste d'en avoir une bien remplie. Il aimerait être à sa place : il essaye donc de le déchoir. L'humanité n'a pas changé. La vie des villages et des bistrots a simplement trouvé, dans un monde où l'individu est plus isolé, un autre espace de propagation.

### *Big Papa et big data : l'hypermnésie comme amnésie*

On connaissait déjà le parent ou l'ami toxique : l'hypermnésique qui n'oublie rien, ou plutôt qui oublie tout ce que vous avez fait de bien pour ne se focaliser que sur votre prétendue malignité et sur les préjudices subis ; sa mémoire est une mémoire du mal ; il est capable de vous ressortir, avec la plus grande exactitude, une phrase prononcée il y a dix ou vingt ans ou tel manquement dont il a été victime ; éternelle cible de vos lèse-majestés, sa langue est de reproches, et ses éclats de voix ne résonnent qu'en des mots fâcheux. Vous aurez beau vous justifier, rien n'y fera ; vous êtes le bourreau, il est le supplicié. Il a la rancœur tenace pour tous les coups portés à son honneur. Pas plus qu'il ne pardonne, il ne laisse venir l'oubli ; ce qu'il a subi, il vous le fera payer. Sa vengeance est un plat qui se mange glacé. Son passé est votre passif.

Le paradigme a changé. Il s'est informatisé. Les banques de données sont des banques de ressentiment. On y stocke de la haine. Imaginez un monde dans lequel nous n'aurions plus le droit à l'oubli, où chaque moment de notre vie, chaque dire, serait enregistré quelque part et pourrait être exhumé pour nous confronter. Imaginez, donc, un monde où toute notre vie pourrait être retenue contre nous. Une vie à charge et s'imposant mentalement de sa charge même. Une telle représentation ne demande, en fait, guère d'imagination, puisque ce monde est le nôtre. Le ressentiment peut dès lors être nourri indéfiniment et plus aucune prescription n'existe numériquement. La morale remplace la justice.

Le troll en est son émissaire : il a un dossier sur vous, il a mené son enquête, les preuves sont là, et elles sont accablantes. Vous ne pourrez pas vous en sortir cette fois. L'anathème achèvera votre carrière avant qu'elle n'ait pu parfois débuter. Le troll fournira les éléments de votre jugement ; l'instruction a été longue, mais les charges ont été retenues contre vous. Vous passerez devant son glaive et sa balance : non pas sur tel ou tel dire ou comportement, mais sur votre vie entière. Elle aura été épluchée jusqu'au trognon, puisque le troll vous suit pour assouvir sa haine. Sa mission sera accomplie quand il vous aura flingué, sans autre tribunal que celui des médias, réduisant votre existence à néant.

Ce Léviathan à la mémoire vive ne nous laissera aucun répit. Sa haine, comme notre ressentiment à son égard, sera sans borne et sans limites. Nietzsche, pourtant, nous l'enseignait dans la *Seconde Considération inactuelle* : une vie sans oubli n'est pas vivable. Il faut pouvoir oublier, et nous oublier, afin d'exister au présent. Un événement qui ne s'oublie pas est un trauma. Nous entrons dans l'ère de la mémoire traumatique où, rivés à celle-ci, nous n'aurons de cesse de juger le passé et de le faire dérouler devant le tribunal du présent. On ne cesse d'ailleurs pas de refaire l'histoire. Le discours s'hystérise. Il souffre de réminiscence incessante. Le film a fait un arrêt sur image. Il ne continuera plus. « Les hystériques souffrent de réminiscences[1] », disait Freud. Le passé, dans cette société des big data, sera classé monument hystérique.

C'est ce qui se passe, notamment aux États-Unis, avec la *cancel culture* et le wokisme : ne pouvant dépasser – c'est-à-dire faire le deuil – d'un passé qui ne passe pas, on préfère le juger incessamment au présent. La grande histoire

1. Freud et Breuer, *Études sur l'hystérie*, Paris, PUF, 2002.

collective, comme notre petite histoire individuelle, est à charge. Et nous ne voyons plus que ces charges qui sont retenues contre nous, contre notre bonne conscience. On aimerait dès lors les supprimer ou les annuler tout bonnement. Faire table rase du passé, de notre passé commun.

L'individu est une réplique du collectif, et inversement. Les idéologies contemporaines ne sont que des effets de la technique et de l'hypermnésie numérique. Elles ne naissent pas comme des champignons. Elles sont le produit des innovations techniques de leur époque[1]. C'est l'*épistémè* du temps présent – c'est-à-dire

1. Le monothéisme, par exemple, est un des effets de l'invention de l'écriture, car à partir du moment où l'on peut transporter, sur des rouleaux de papyrus, des inscriptions ou des lois, la religiosité devient nomade, c'est-à-dire s'excepte de sa dimension sédentaire, et totémique. Autre exemple : le protestantisme, lui aussi, est la conséquence de l'invention de l'imprimerie : le premier rompt avec le catholicisme, par refus de déléguer la foi à une institution, fût-elle l'Église ou la papauté ; la foi se passe entre le croyant et le texte, entre lui et cette Bible qu'il tient désormais dans ses mains, individuellement, et qui n'est plus accaparé par les représentants cléricaux. Les Lumières, enfin, tiennent également de l'invention de Gutenberg, en cela que leur mot d'ordre *Sapere aude !*, « Ose savoir », et « pense par toi-même », n'est possible que

les conditions actuelles du savoir sous lesquelles nous croulons et dans lesquelles cette époque infuse – qui la détermine de part en part. La matière fait l'esprit. Les discours politiques et militants ambiants sont une réaction à ce dispositif époqual.

Des « souvenirs » nous sont proposés sur les réseaux. Nous savons au jour près ce que nous avons fait. À l'avenir, nous serons tous à l'image d'Irénée de Funes, dans le texte *Funes ou la Mémoire* de Borgès[1], qui vivait sa mémoire comme un tas d'ordures. La mémoire de Funes, c'est l'hypermémoire funeste. Il se souvient de tout, se rappelle chaque événement, chaque clapotis inférieur. Il lui est impossible de penser, car la pensée doit pouvoir s'abstraire, généraliser. Elle doit pouvoir faire d'une chose singulière un concept. Comment penser le « chien » dans sa généralité si, par sa mémoire hypertrophiée, il n'existe que des chiens singuliers ? L'hypertrophie mnésique atrophie notre cognition. À trop savoir, on est

sur fond d'un individualisme et d'une diffusion des savoirs au plus grand nombre.

1. Borgès, *Fictions*, Paris, Gallimard, coll. « Folio », 2018.

comme paralysé. Les érudits font rarement des écrivains. Penser, disait Schelling, c'est renoncer au savoir.

Autre manière pour dire avec Baudelaire[1] :

> J'ai plus de souvenirs que si j'avais mille ans.
> Un gros meuble à tiroirs encombré de bilans,
> De vers, de billets doux,
> de procès, de romances,
> Avec de lourds cheveux roulés
> dans des quittances,
> Cache moins de secrets que mon triste cerveau.
> C'est une pyramide, un immense caveau,
> Qui contient plus de morts
> que la fosse commune.
> Je suis un cimetière abhorré de la lune,
> Où comme des remords
> se traînent de longs vers
> Qui s'acharnent toujours sur mes morts
> les plus chers.

Notre triste cerveau s'est externalisé dans un gros meuble à tiroirs de RAM infinie qui

1. Baudelaire, *Les Fleurs du mal*, Paris, Le Livre de poche, 1972, p. 90.

s'appelle un « ordinateur ». La « charge mentale » – expression heureuse qui prolifère sur les lèvres de tout un chacun – est, aujourd'hui, la norme. Nous croulons et ployons sous le fardeau d'un passé qui ne passe plus : notre mémoire est une mémoire vive ; nous sommes sans cesse en alerte, sur le qui-vive de l'instantané ; nous sommes incessamment sollicités par des souvenirs enregistrés par nos appareils ; et chaque jour, nous sommes rappelés – par Facebook ou nos iPhone – à ce que nous avons fait ce jour l'année d'avant, ou il y a deux ans, trois ans, *x* ans. Notre « cerveau » est « encombré » de cet amoncellement de « souvenirs ». Les « remords » se ramassent à la pelle. La tête est comme engorgée et embouteillée par ce qu'elle ne peut reléguer dans ses oubliettes. Qu'est-ce qu'une vie humaine où la pensée serait constamment surchargée et obstruée de tout ce qu'elle a vécu ? Comment vivre avec la mémoire vive coextensive, et pucée dans notre cerveau, de tous nos souvenirs ? Comment voir innocemment le monde quand dans notre mémoire coexistent tous nos souvenirs comme autant de déjà-vus ?

Cette hypermnésie externalisée fait apparaître un paradoxe bien connu de la philosophie, depuis le *Phèdre* de Platon : l'hypermémoire nous dispense de la réminiscence. La connaissance socratique procède du ressouvenir : chaque âme a en elle le savoir de toute chose. Connaître, c'est reconnaître ce que l'on sait déjà, ou ce que l'on a su dans une autre vie, mais que l'on a oublié. C'est ainsi que Socrate condamnait l'écriture : cette invention, permettant de consigner notre mémoire vive et notre parole, nous exposait au danger d'une mémoire se dispensant de se ressouvenir de ce qui lui importe réellement. Le philosophe grec le disait ainsi :

> Car cette invention, en dispensant les hommes d'exercer leur mémoire, produira l'oubli dans l'âme de ceux qui en auront acquis la connaissance ; en tant que, confiants dans l'écriture, ils chercheront au-dehors, grâce à des caractères étrangers, non point au-dedans et grâce à eux-mêmes, le moyen de se ressouvenir[1].

1. Platon, *Phèdre*, Paris, Gallimard, coll. « La Pléiade », 275a, 1977, p. 75.

Ces caractères nous font perdre notre caractère pleinement humain. À externaliser notre propre mémoire, au moyen d'un calame et d'un papyrus, nous deviendrons inévitablement oublieux de notre passé. L'écriture, en ce sens, était, pour Socrate, un *pharmakon*[1] : à la fois un remède et un poison. La promesse faite à la mémoire l'expose au danger de la perdre. Pour le père de la philosophie, elle se double d'un parricide : l'écrit tue la parole du maître. Nul besoin de l'écouter parler si sa parole est déjà consignée ailleurs.

Il en va pareillement avec le numérique : son hypermnésie nous rend paradoxalement oublieux du passé[2]. Il n'est plus besoin de

1. Sur ce point, voir le texte grandiose et devenu classique de Jacques Derrida, « La pharmacie de Platon », in *La Dissémination*, Paris, Seuil, coll. « Points », 2006.

2. On nous rétorquera que l'écriture, mise au pilori par Socrate, n'a pas eu cet effet-là : en désemplissant le cerveau des disciples, on préféra chez eux, ainsi que l'écrivait Montaigne, « une tête bien faite » plutôt que « bien pleine ». Elle permit également la transmission des savoirs et des savoir-faire humains. Mais c'est sans compter sur ceci que le numérique, en externalisant notre mémoire, fonctionne en négatif à l'écriture : il nous vide la tête des savoirs (on appelle cela, chez Marx, la « prolétarisation »), en nous la remplissant de souvenirs de soi. Paradoxe d'entre les paradoxes : le stockage

nous en ressouvenir, d'étudier, de lire, de penser les Anciens à nouveaux frais, puisque tout est enregistré. Nulle renaissance n'est à venir : ce qui fond sur nous est l'obsolescence programmée de notre cognition. La mémoire vive absolue transforme tout en mémoire morte. L'hypermnésie technique favorise les trous de mémoire et la mémoire à court terme. Le savoir absolu du numérique nous exempte de savoir. Plus le théologiciel sait, moins l'on sait. Plus il a de mémoire, moins nous en avons. C'est une chose curieuse que d'être accablé par une mémoire vive personnelle et d'être délesté de la mémoire du monde. À mesure que le numérique nous rappelle à nous-mêmes, il nous rend ingrats à l'égard de ceux qui nous ont précédés.

La charge mentale, qui procède de la sollicitation des écrans, est une charge vide. Elle n'implique aucune responsabilité pour la

des data n'est pas un allégement mais un alourdissement ; il ne permet pas la transmission d'une culture, mais la déculturation de la transmission. Le Web transmet, très largement, le vide. Rien n'existe – pour l'individu – avant le début de ses souvenirs stockés. La tentation d'annuler ou de supprimer la culture est, comme il a déjà été indiqué, un effet de cette déculturation de l'*homo numericus*.

tradition, pour notre passé commun, pour notre histoire commune : le dialogue entre les générations, et l'esprit de chacune d'elles, laisse place au soliloque moïque. Il n'y a plus de travail de mémoire, nous sommes travaillés par une mnémotechnique nous rendant amnésiques du passé. Et négligemment, nous abandonnons tout devoir de mémoire à son égard.

Le transhumanisme va dans le sens de cette omniscience, notamment avec la start-up Neuralink d'Elon Musk : le but serait d'installer une puce dans le cerveau humain afin de créer une interface neuronale directe entre ce dernier et un dispositif qui lui est extérieur. Cela permettrait ainsi au sujet de piloter des terminaux par la pensée ; ou de télécharger vers un serveur les données de sa conscience, en vue de sauvegarder notre mémoire en tant que mémoire externe. L'humain n'est plus qu'une réplique de l'outil informatique ; il est désormais pensé à la mesure de ce dernier. Il est devenu un animal-machine, ainsi que le redoutait Descartes. L'homme est désormais un processeur pour l'homme.

Le problème est donc celui-ci : peut-on être libre sans s'abandonner, c'est-à-dire sans s'oublier, sans avoir le droit à l'oubli ? Peut-on être libre si « s'abandonner » prend les contours de donner à un pouvoir établi des données personnelles ? Ce sont des questions qui viennent contaminer bien des champs de la pensée, notamment celui du droit : on en vient à parler de plus en plus d'imprescriptibilité pour des crimes qui ne sont pas des crimes contre l'humanité. Qu'est-ce que signifie cette contagion virale ? Le numéropouvoir ne vient-il pas menacer, par là, le droit à l'oubli, et le droit à l'abandon des charges contre un individu ? Qu'est-ce que serait une société où les individus vivraient accablés par des données et des charges ineffaçables ? L'État-prêtre, au sens nietzschéen de la figure du prêtre asservissant les individus par une dette ineffaçable, est devant nous. La donnée devient une dette ; et le numérique devient une modélisation de la prêtrise. La mémoire vive infinie qu'était Dieu mute en mémoire vive informatique.

Au reste, le terme d'« ordinateur », qui a été choisi par Jacques Perret pour traduire le terme anglais de *computer,* se réfère au Dieu *ordinator* d'Augustin. Le Dieu numérique ordonne le monde : la démocratie se transforme en datacratie. Ordinateur dit, par ailleurs, l'ordination, c'est-à-dire le sacrement de l'ordre conférant à des individus la mission de prêtrise : les États récoltent nos données pour nous identifier dans le cadre d'un pouvoir biométrique (ce fut le cas pendant la pandémie de la Covid-19, et c'est la règle en Chine avec le crédit social), mais encore les influenceurs, les instagrameurs, les youtubeurs, etc. À ce titre, liker telle ou telle publication, opère comme une confession à un prêtre algorithmique : en likant telle ou telle chose, nous nous confessons à un algorithme pouvant modifier notre comportement. Avec 10 *likes*, nous apprend Michal Kosinski, chercheur à l'université de Stanford, l'algorithme traitant ces données nous connaît mieux que nos collègues ; avec 100 *likes*, il nous connaît mieux que notre famille ; et avec 230 *likes*, il nous connaît mieux que notre conjoint. Le *like* du matin est devenu la prière de l'individu moderne.

Le troll est, d'une certaine façon, celui qui occupe la place que Nietzsche disait être celle du prêtre. Qu'entend le penseur allemand par ce personnage-concept ? Non seulement l'homme d'Église, mais quiconque se fait fort de culpabiliser l'autre, de le rabaisser, de lui faire honte, afin d'asseoir son autorité sur lui. Le prêtre est celui qui règne par la dette. Tout ce qu'il fait nous crie sourdement : « Tu me dois tout. » La mauvaise conscience s'installe, nous sommes comme accusés avant d'avoir fauté. Les remords nous rongent. Le troll a ceci de particulier qu'il exerce son ministère grâce à ce savoir absolu qu'est le numérique[1]. Dieu, c'est le Big Papa se servant des big data. Le grand ordinateur de la numérosurveillance. L'autorité du troll provient de cette mémoire pleine qu'il utilise pour disqualifier, discréditer ou déstabiliser son adversaire. Il est celui qui nous ressort, comme en couple, les « vieux dossiers ». L'internaute n'a plus le droit à la faute. Il est, de manière imprescriptible, redevable de ce qu'il a écrit. Le débit internet nous transforme en éternel débiteur.

1. Je renvoie sur ce point à Mark Alizart, *Informatique céleste*, Paris, PUF, coll. « Perspectives critiques », 2017.

## *Le numérique, c'est l'inconscient : refoulement et défoulement*

La libération de la parole à tout-va est contemporaine d'un dispositif technique bien particulier : celui de l'ouverture de tout contenu (texte ou image) au commentaire. Chaque individu devient le commentateur des événements du monde, et des publications relatant leur actualité. Il va jusqu'à commenter les commentateurs et les commentaires. La parole se *twitterise*. On peut tout dire – surtout le pire. Les censures et les tabous propres au surmoi n'opèrent plus. Internet fonctionne comme une gigantesque économie psychique dont nous sommes tous un sujet particulier. Nous agissons en étant déterminés par lui. Nous en sommes les automates. Il y a un déterminisme que nous subissons et auquel nous sommes assujettis. Le Web est une toile dans laquelle nous sommes pris et dont nous sommes les proies et tout en même temps les tarentules vengeresses et nihilistes qui tissent pour d'autres cette même toile aliénante. Sans aucune contradiction : victime et bourreau.

Sur le Web, le refoulement finit en défoulement. Car qu'est-ce que le refoulement ? C'est ce qu'on ne peut pas, par définition, oublier. Le refoulement permet au psychisme de refuser l'accès à la conscience de désirs ou de représentations qui entreraient en contradiction avec le surmoi, la vie quotidienne et le principe de réalité. Autrement dit, refouler, c'est rejeter hors de la conscience ce qui, s'il était conscient, nous rendrait la vie impossible. Sont rejetés, ainsi, tous les désirs inavouables (l'inceste), et les actes qui seraient répréhensibles socialement (le meurtre, le viol). Le refoulé, à ce titre, ne cesse pas de peser sur nous et d'influer sur notre existence. Il frappe à notre porte, se fait symptôme, engage des processus de répétition. Le refoulé est ce qui, en moi, est plus fort que moi. Le numérique, comme culture de données (et, en cela, il est un haut fait de la culture : il recueille les data, les relie entre elles, les cultive, et engendre des contenus qui nous ressemblent), forme désormais notre corps de données inconscient. Il faudrait même aller jusque-là : maintenant que l'inconscient n'existe plus[1], *l'inconscient, c'est le numérique.*

Les conséquences d'une telle hypothèse sont considérables : cela signifie qu'il s'agit de repenser la structure psychique à partir de la structure informatique. L'inconscient est structuré comme un langage numérique. Il répond d'un langage binaire : oui/non, vrai/faux, ouvert/fermé. Un tel inconscient ne connaît plus le sous-entendu ou l'équivoque : il est un langage univoque et technoscientifique. L'autre, auquel s'adresse cet inconscient, ne peut être qu'un autre omnipotent, et omniscient : une

1. S'il n'existe plus, c'est que nous ne formons plus d'objets de désir qui nous soient propres ; *via* le marketing, nous désirons les objets fabriqués par le capitalisme à notre destination. Nous désirons des babioles, des fétiches. Les influenceurs portent bien leur nom : ils sont là pour influer sur notre inconscient et transformer toute pulsion en compulsion d'achat.

Notre pulsion d'achat, procédant d'une destruction de tout principe de réalité, et nous soumettant totalement à notre infantile principe de plaisir, procède également d'une sorte de rédemption. Toute compulsion d'achat est une pulsion de rachat. Le numérique crée du passif, en récoltant nos données passées, et nous propose, inconsciemment, de nous racheter de notre culpabilité, par des actifs économiques.

intelligence artificielle créatrice de contenus et de réponses sur demande. Le désir, quant à lui, sera un désir – comme on l'a déjà indiqué – de reconnaissance imaginaire, plus que symbolique. À ce titre, il est inévitable que cette reconnaissance imaginaire nous replonge dans une sorte de « stade de miroir » perverti, où l'image de l'autre est toujours déjà vécue comme l'image d'un rival, ouvrant à la rivalité avec soi-même et à la haine de soi. Enfin, tout refoulement peut faire retour sous la forme d'un défoulement anonyme. La reconnaissance n'étant plus symbolique, ce n'est plus mon nom qui est entaché par mes mots ; le surmoi ne nous arrête plus, notre réputation ne sera pas écornée ; autre version pour dire que je n'ai plus à en répondre, sinon imaginairement, à partir de ma photo de profil (vraie ou fausse), ou de mon avatar.

*Larvadus pro deo* : le troll s'avance masqué. L'adresse du sujet de l'inconscient numérique n'a d'ailleurs plus véritablement d'adresse juridique : un VPN suffit pour que celle-ci soit introuvable ou brouillée. Ainsi, toutes les adresses (verbales) du sujet peuvent être des adresses transgressives, hors la loi, c'est-à-dire perverses. L'adresse IP des individus n'est demandée que dans des cas extrêmes : apologie de crimes terroristes ou de crimes contre l'humanité, voire pour des cas de pédopornographie.

Lacan repérait quatre concepts fondamentaux à l'œuvre dans la psychanalyse : l'inconscient, la répétition, le transfert et la pulsion[1]. Élucidons chacun de ceux-ci à la lumière du numérique.

L'inconscient, d'abord. Il est, dans la théorie et la pratique psychanalytiques, « le chapitre censuré » de mon histoire, celui-là même qui est « marqué par un blanc ou occupé par un mensonge[2] ». Nous n'en sommes pas ignorants ; ou bien, plutôt, nous ne nous rappelons plus ce que nous savons. Ce que Lacan formulait ainsi : « L'inconscient, ce n'est pas perdre la mémoire ; c'est de ne pas se rappeler de

1. Lacan, *Le Séminaire*, livre XI, *Les Quatre Concepts fondamentaux de la psychanalyse*, texte établi par J.-A. Miller, Paris, Seuil, coll. « Points », 1990.
2. Lacan, « Fonction et champ de la parole et du langage », in *op. cit.*, p. 257.

ce qu'on sait[1]. » Ainsi en va-t-il de ces algorithmes qui, par la récolte de nos données, nous racontent une histoire, celle de notre subjectivité virtuelle, et qui, de manière inconsciente, déploient la trame de celle-ci. Le sujet postmoderne est le sujet de l'inconscient algorithmique. Au contraire de l'inconscient de la psychanalyse, il n'est pas accessible, sinon par le savoir des ingénieurs. Ces algorithmes, constituant notre mémoire immémoriale, sont les véritables auteurs de notre vie. Nous n'en sommes que les produits – à tous les sens de ce terme. Cela est frappant quand on s'étonne, après une conversation avec des amis, que nos téléphones nous proposent des publicités relatives au contenu de nos discussions. Il peut même arriver que nos logiciels d'écoute de musique, en lecture aléatoire, nous proposent comme chansons des morceaux relatifs à nos humeurs du moment, et résultant de ce que nos appareils ont enregistré de notre discours. Notre langage n'est plus destiné à un analyste qui l'interpréterait ; il est consigné par nos outils

1. Lacan,« La méprise du sujet supposé savoir », in *Autres Écrits*, Paris, Seuil, 2001, p. 333.

numériques, qui opèrent le retour du refoulé et amplifient les obsessions idéatives qui sont les nôtres présentement.

Le refoulement, après. Refouler est le mécanisme psychique le plus fondamental : nous mettons à distance les représentations, les désirs, les excitations qui sont inconciliables avec le moi. Nous avons, sur un certain versant, déjà abordé ce phénomène par la voie de l'excitation dont on se protège par la haine. C'est qu'il y a dans cette répression de ce qui nous excite le mécanisme même de distanciation des stimuli entrant en contradiction avec notre moi idéal ou avec le principe de réalité organisant la vie sociale. Le refoulement est ainsi une défense élémentaire de notre psyché. Et le numérique refoule à plein tube : les images à caractère sexuel sont bannies par les algorithmes de certains réseaux, les gros mots sont censurés par un bip. Ainsi notre inconscient, s'il ne s'organisait pas déjà autour de ces tabous, est désormais structuré à partir de ce bannissement de la sexualité. On bannit d'un forum un perturbateur, comme on bannit un contenu à caractère sexuel. Ce refoulement a lieu pour le meilleur et pour le pire. Pour le meilleur, dans la mesure où il est approprié d'interdire la diffusion de contenus violents (torture, meurtre, acte de barbarie, viol, pédophilie) ; pour le pire, dans le cas de la censure puritaine d'images ou d'œuvres d'art représentant la nudité. Qu'on se rappelle la censure de *L'Origine du monde* de Courbet représentant un sexe féminin et qui avait été caricaturée et contournée de manière drôle par un *trolling* mondial et viral (façon nature morte, par exemple, employant des fruits et des légumes pour reconstituer le corps et les formes du modèle représenté).

Ce refoulement est toutefois problématique dans les deux cas, au sens où il opère une augmentation de l'excitation qui est censurée. Pour le dire le plus simplement du monde : la censure de la violence transforme le déplaisir de sa vue en une excitation malsaine à la voir vraiment ; et la censure puritaine décuple notre désir de pornographie. Le cache-sexe donne envie de ce sexe que l'on cache. À culpabiliser le plaisir, en somme, on en fait un plaisir coupable. Le darknet est le nom de ce refoulement d'Internet : on y trouve des contenus pédophiles, des vidéos de viols, de meurtres, de tortures, mais encore de la drogue et des armes à feu. Tout ce qui est contenu et maîtrisé par les modérateurs algorithmiques se déchaîne dans les profondeurs du Net. Le darknet porte bien son nom : il est la part sombre de notre contenu psychique qui a été mis à distance et qui est rempli de tous nos interdits fondamentaux. Il est le côté obscur de la force pulsionnelle : le lieu de la pulsion de mort et de destruction. Si la censure et la modération nous défendent de nos excitations incompatibles avec le vivre-ensemble, elles nous surexcitent tout aussi bien et nous poussent à satisfaire l'élément pulsionnel en chacun de nous.

La répétition, ensuite. L'inconscient, au sens classique, détermine des schémas de répétition. En vertu de notre histoire, nous répétons, incessamment, les mêmes échecs et les mêmes rencontres. C'est de celles-ci que j'aimerais parler ici. Nous tombons toujours sur les oiseaux de notre espèce. L'erreur, fondant toute errance existentielle, est de se demander les raisons pour lesquelles ce sont ces oiseaux qui se présentent à nous, alors qu'il serait plus judicieux de s'interroger sur l'espèce à laquelle on appartient pour tomber toujours sur eux.

Aujourd'hui, notre inconscient numérise nos choix, nos appétences, nos goûts. Tout l'enjeu pour lui est de produire, à l'aide d'algorithmes, des probabilités de rencontres qui ne sont rien de plus que des rencontres avec notre faux soi. L'inconscient numérique est le faussaire du soi ; au lieu de décaler le récit que l'on se fait de sa vie (toujours mensonger, qu'il soit épique ou pathétique), il nous conforte dans celui-ci. Le numérique, répétant toujours les mêmes opérations, produit la répétition du sujet. On ne rencontre plus l'autre ; l'inconnu ne vient plus nous cueillir ; nous sommes confortés dans ce que nous pensons et dans ce que nous désirons. On ne peut donc plus penser contre soi-même, ou prendre la tangente quant à nos histoires d'amour qui finissent mal en général – et souvent de la même façon. Le même rencontre le même en se reproduisant à l'identique. La répétition ne peut plus être dépassée : nous sommes condamnés à rejouer incessamment les mêmes schémas d'existence. La scène se reprend depuis le début et se répète à l'infini. L'*homo numericus* est enfermé en lui-même, piégé par des algorithmes qui l'empêchent de toute déviation ou dérivation.

Le transfert, maintenant. Dans la thérapie analytique, le transfert constitue le pivot entre l'analysant et l'analyste : nous supposons que le psychanalyste en sait plus que nous ; nous le promouvons à la place du « sujet supposé savoir » (Lacan) ; ce n'est pas à lui qu'on s'adresse mais à l'autre dont il occupe la place vide (celle du père, de la mère, de l'ex, de l'humanité tout entière, etc.). Et c'est par cette méprise que le sujet analysant s'épanche en croyant que l'autre en sait un bout de lui, et qu'il pourra l'éclairer sur ce qu'il est. Actuellement, le numérique promeut à la place de l'autre, le « sujet supposé savoir l'absolu », dont le nom courant est ChatGPT. L'*homo numericus* s'adresse à lui comme à Dieu – figure virtuelle de l'omniscience et de l'assouvissement de toute demande. Le sujet divisé est ainsi comblé dans son manque. Le *Deus ex machina* a réponse à tout. Il ne changera pas notre vie, ne nous libérera pas de notre symptôme, mais renforce nos troubles en nous affermissant dans la trajectoire empruntée qui nous fait faire fausse route.

La pulsion, enfin. Le pulsionnel est caractérisé par une poussée. La pulsion pousse, voici son essence. Elle est une force qui cherche à se réaliser. Le principe de plaisir constitue son origine et sa fin : la pulsion veut satisfaire son plaisir immédiatement et sans délai. Deux formes actuelles se dégagent sur le Web et les réseaux : la forme marchande et la forme perverse.

Ainsi en va-t-il de cet enfant, dans les allées d'un grand magasin, se roulant par terre parce que ses parents ont refusé de lui acheter le jouet qu'il voulait. Il ne pouvait attendre ; et on lui demande de patienter jusqu'à Noël. Aujourd'hui, la pulsion est captée algorithmiquement par le marché. Toute pulsion est une pulsion d'achat dont l'objet n'est plus constitué par le sujet mais par l'inconscient du capitalisme. De cette façon, le sujet du numérique n'est plus sujet qu'au sens d'une sujétion à la suggestion marchande, et à l'influence des bien-nommés influenceurs. Ou si l'on préfère, l'inconscient lui-même est devenu un influenceur qui influence le comportement du sujet. C'était sa définition, mais il n'était pas marchand. L'économie psychique n'était pas l'économie réelle. Or c'est désormais le cas. L'animal humain devient un animal consumériste en proie à son insu à une manipulation pulsionnelle qui le pousse à agir contre ses intérêts.

Dans sa version perverse, la satisfaction de la pulsion, ainsi que nous l'avons déjà avancé, est l'effet d'un refoulement. Le bannissement physicopsychique de l'excitation devant des contenus incompatibles avec le moi social surexcite celui-ci. L'interdit fait naître le désir de transgression (c'est le fameux propos de saint Paul arguant que sans la Loi, il n'y aurait pas de péché). La pulsion est éveillée par l'excitation refoulée et, si elle ne prend pas la forme d'une compulsion d'achat, elle prend dès lors celle d'une manifestation perverse où le refoulé fait retour et cherche à se satisfaire par-delà les interdits. Le darknet est le lieu de cette satisfaction de la pulsion morbide et transgressive de l'individu. Ce n'est plus la vie qui y est cherchée, y compris dans son désir de vivre-ensemble, mais la mort, avec le risque de rendre l'entente sociale impossible (le meurtre et le viol, par exemple, ne favorisent pas – on s'en doute – le lien social mais le nient). Autrement dit, le refoulement de l'excitation est une incitation au défoulement pulsionnel, comme la censure du sentiment incite au défoulement ressentimental du troll.

Puisque c'est encore sur la base de ce refoulement de l'excitation que le troll, sujet de l'inconscient numérisé, s'exalte et entre dans une hubris qui fonctionne, on l'a dit, comme un pare-excitation à son excitation qu'il s'interdit. Sa parade pour ne pas se voir tel qu'il ne voudrait pas, à savoir comme un être dont les remparts moraux cèdent et remettent en question sa vie entière, est l'agressivité. Sa meilleure défense, c'est l'attaque. Il est agressif à l'égard d'une excitation qu'il vit lui-même comme une agression contre sa croyance. Il croit être un être moral, fruit d'une éducation religieuse ou traditionnelle, et le voilà tenté par ce qu'il s'est toujours interdit. La tentation qu'il ressent est presque une tentation au sens religieux du terme : on l'incite à commettre un péché et la culpabilité qu'il ressent à l'idée de pouvoir passer à l'acte est compensée par l'attaque verbale de ce qui le tente. Il se défoule, car ce qu'il refoule fait retour et met à mal l'image qu'il a de lui. Pour se sauver, pour sauver la face, pour sauver les apparences, il entre dans une dénégation violente, ou une mise à distance agressive. C'est le cas bien connu de ceux qui rappellent à l'ordre une jeune femme trop vulgaire à leurs yeux, dans son habillement ou ses propos, parce qu'elle écornerait l'image de la femme idéale ou contreviendrait à des principes religieux de pudeur et de discrétion (bref, parce qu'elle ne serait pas à l'image de la mère symbolique). Ou c'est le cas tout aussi classique des attaques transphobes qui ne font que masquer le refoulement (majoritairement masculin) du désir pour la femme phallique, vue par tout homme comme la femme totale à qui il ne manque rien, et qui, de ce fait, les menace de sa castration, en raison d'un phallus qu'elle porterait et leur volerait de ce fait même.

## Propaganda : *compulsion d'achat et pulsion d'agressivité*

On a saisi comment d'une certaine façon la pulsion d'agressivité naissait d'un refoulement mal négocié de son excitation sexuelle. Nous nous sommes peu intéressés au revers de ce défoulement qui est sa dimension marchande. Pour comprendre comment la pulsion – dans sa version consumériste – est aujourd'hui l'enjeu de l'économie de la captation de l'attention, il nous faut en revenir à Edward Bernays, publicitaire notoire et inventeur du marketing moderne. En 1928, ce dernier publia un ouvrage intitulé *Propaganda. Comment manipuler l'opinion en démocratie.* Personnage méconnu du grand public, il est pourtant connu de tous. Souvenez-vous : c'est à Bernays que l'on doit, notamment, la campagne cherchant à persuader, en 1917, les Américains de s'engager dans la Grande Guerre. Affiche par trop célèbre qui représentait l'Oncle Sam nous pointant du doigt et s'écriant : « *I want you for US Army.* »

Connaissez-vous le petit déjeuner typique américain ? « Oui ! me direz-vous. Œufs brouillés, bacon ! » Bingo ! Sauf qu'il n'y a jamais eu de petit déjeuner typique aux États-Unis, sinon dans l'imagination de Bernays qui l'inventa sur demande de l'industrie agroalimentaire, et soutenu par de faux articles scientifiques et médicaux, louant les petits déjeuners roboratifs et riches en calories.

Dernière question : pourquoi les femmes américaines fument-elles alors que la cigarette, dans cette société puritaine, tenait lieu de signifiant phallique ? Réponse : parce que Lucky Strike s'est attaché ses services, en vue de vendre les cigarettes féminines que la firme de tabac américaine venait de lancer. Seul problème : le paquet vert ne se vendait pas. Bernays lui conseilla de changer la couleur. Lucky Strike avait tant dépensé dans la campagne publicitaire que la firme ne pouvait se permettre le luxe de changer l'emballage. Qu'à cela ne tienne ! Si le vert du paquet n'est pas à la mode, on rendra cette couleur *fashion*. Bernays organisa des défilés de mode à New York, où les femmes, vêtues de vert, tenaient dans une main une cigarette, et dans l'autre une pancarte : « *Torch of Liberty* ». La cigarette devint le symbole de l'émancipation des femmes. Allumer une cigarette, c'était allumer la « torche de la liberté ».

Ainsi écrit-il dans *Propaganda* :

> La manipulation consciente, intelligente, des opinions et des habitudes organisées des masses joue un rôle important dans une société démocratique. Ceux qui manipulent ce mécanisme social

imperceptible forment un gouvernement invisible qui dirige véritablement le pays[1].

Ce gouvernement invisible est désormais constitué de toute la cohorte des publicitaires, des communicants, des *spin doctors*, des influenceurs. Ce ne sont plus nos politiques qui dirigent nos États, mais cet inconscient numérisé qui pilote les sujets que nous sommes par leurs pulsions et leurs émotions. Tout le travail du publicitaire – ou, c'est égal, du propagandiste ou de l'influenceur – est résumé comme suit par Bernays :

> Leurs travaux ont amené Trotter et Le Bon à la conclusion que la pensée au sens strict du terme n'avait pas sa place dans la mentalité collective, guidée par l'impulsion, l'habitude ou l'émotion. À l'heure du choix, son premier mouvement est en général de suivre l'exemple d'un leader qui a su gagner sa confiance. C'est là un des principes les plus fermement établis de la psychologie des foules, qui opère en fixant à la hausse ou

1. Edward Bernays, *Propaganda. Comment manipuler l'opinion en démocratie*, Paris, La Découverte, 2007, p. 31.

> à la baisse le prestige d'une station balnéaire, en suscitant une ruée sur telle banque ou un mouvement de panique à la Bourse, en créant l'engouement qui va déterminer le succès d'un livre ou d'un film[1].

On ne vous demandera plus de penser, mais de dépenser. L'opinion se manipule par sa psychologie. On influencera désormais en proposant des contenus alléchants et captivants. En remplaçant le verbe « manipuler » par « influencer », dans le sous-titre du livre de Bernays, on est surpris par son actualité. Car la question est bien : comment influencer l'opinion en démocratie ? En suivant le « leader », l'influenceur en chef. Celui-ci joue sur la pulsion grégaire de l'individu, sur sa capacité à suivre le mouvement majoritaire. On n'aimerait pas être seul alors on s'agrège à la meute.

Ce que Bernays n'avait toutefois pas encore prévu en 1928, même s'il apercevait déjà que la publicité aurait pour vecteur de transmission les réseaux de communication (journaux, radios, avions, téléphonie, télégraphes,

1. *Ibid.*, p. 62.

images), c'est la mondialisation de la technique, du marché et de l'information. Le sujet n'est plus seulement en sujétion à l'offre publicitaire, il est en demande d'une servitude volontaire. Sujet à l'inconscient numérique, il désire cet asservissement même, il se bat pour son aliénation comme s'il s'agissait de sa liberté.

La propagande est désormais mondialisée. L'économie est devenue *iconomie*[1]. Au moyen des images, l'économie capte la pulsion des individus, afin de déjouer le principe de réalité. Par lui, l'animal humain peut souffrir du délai et de l'attente ; s'affrontant à la réalité des choses, l'individu peut différer sa pulsion ou la raisonner (« je n'ai pas besoin immédiatement de cela, j'attendrai pour l'acheter » ou « puisque je n'en ai vraiment pas besoin, je ne l'achèterai pas »). C'est sans compter sur les contenus publicitaires proposés, lesquels s'adressent, par des voies de traverse, aux pulsions, et au principe de plaisir – qui doit être satisfait tout de suite et à tout prix.

1. Peter Szendy, *Le Supermarché du visible. Essai d'iconomie*, Paris, Les Éditions de minuit, 2017.

Bernays était le neveu de Freud. Il connaissait les travaux de son oncle, ainsi que ceux de Gustave Le Bon, le célèbre auteur de la *Psychologie des foules*. C'est pour cette raison qu'avec une froide lucidité, il pouvait écrire : « La vapeur qui fait tourner la machine sociale, ce sont les désirs humains. Ce n'est qu'en s'attachant à les sonder que le propagandiste parviendra à contrôler ce vaste mécanisme aux pièces mal emboîtées que forme la société moderne. » L'influenceur est celui qui nous suggère inconsciemment : « Mes désirs sont des ordres. » Et des ordres marchands. La conséquence n'est pas moins terrible : la captation de la pulsion à des fins consuméristes détruit le principe de réalité et livre l'économie psychique à celle macroscopique du capitalisme, ordonnée au principe de plaisir. L'économie psychique devient une projection de l'économie réelle. La jouissance marchande doit désormais être sans entraves. La pulsion, transmuée en compulsion d'achat, destine celle-ci à une pulsion d'agressivité. On craint moins la fièvre aphteuse que la fièvre acheteuse. La société consumériste est une société de la consumation du désir. Les foules sont livrées, par là même, au défoulement pulsionnel absolu. On en viendra à se battre pour une promotion sur le Nutella ; et à insulter quiconque ne satisfait pas notre narcissisme primaire, c'est-à-dire notre moi tout-puissant. En pareille occurrence, il faudrait davantage parler d'une *pulsion urétrale* : pulsion qui viserait à transformer tout en liquide, la pensée « en temps de cerveau disponible pour Coca-Cola », et la sublimation en liquidité pécuniaire. Le sujet doit « pisser », c'est-à-dire dépenser plus que penser ; se vider de son liquide ; ne pas épargner ni s'épargner. Ce n'est plus un cerveau, comme dirait Boris Vian, c'est « comme de la sauce blanche » !

C'est sur fond de cette destruction du principe de réalité que le *trolling* apparaît. Le troll est le produit de cette société consumériste où le sujet régresse au stade infantile, celui d'une satisfaction immédiate de sa pulsion. Que l'enfant se roule dans le rayon des jouets parce que ses parents lui ont demandé d'attendre Noël pour qu'il obtienne ce qu'il veut maintenant est inquiétant, mais acceptable ; qu'un adulte dénigre quelqu'un parce que ce qu'il écrit est en contradiction avec ce qu'il tenait pour assuré dans son « prêt-à-penser » tient davantage du caprice. Parce que, frustré, le troll veut frustrer et « faire chier » – retour à la pulsion sadique-anale.

## *Le langage numérique : une haine de la faille*

Le langage numérique repose sur une logique binaire, dicté non seulement par les algorithmes qui le régissent (zéro/un), mais aussi par l'injonction constante à se positionner, toujours « pour » ou « contre », sur chaque question d'actualité. Autrement dit, le numérique nomme la haine de la faille. Il n'y a plus de sous-entendus, de non-dits ; il n'y a rien à lire entre les lignes. Le numérique exige une langue univoque qui puisse répondre à toutes les questions de manière claire et distincte. De là, cette haine de la faille trouve sa vérité dans ChatGPT. ChatGPT est l'Autre qui répond à tous nos manques : il ne défaille pas ; il comble les failles. Langage universel et sans équivoque, il permet de mastiquer le trou du sujet qui, dans la vie de tous les jours, est inlassablement déçu dans sa demande.

Le premier quidam venu n'a jamais la reconnaissance qu'il attend : on ne l'aime pas, on ne fait pas attention à lui, on ne l'écoute pas assez, on le snobe, on feint de l'écouter, on ne précède pas ses demandes, et même lorsqu'il les formule, on prend bien soin de les laisser en souffrance. ChatGPT, à ce titre, c'est Dieu sur Terre, mieux, le Père Noël : l'interlocuteur auquel toute prière s'adresse pour être exaucée.

C'est ainsi que le numérique, comme haine de la faille, tend à généraliser la néohaine dont nous parlons. C'est sa définition même. Autrement dit, la néohaine, prenant le visage du numérique, est, fondamentalement, une haine hystérique. Au double sens de celle-ci, c'est-à-dire au sens féminin et masculin. Si ces deux dispositions psychiques ont déjà été abordées plus haut, j'aimerais y revenir et en approfondir les définitions pour mieux éclairer mon propos. Le discours hystérique féminin, pour Lacan, vise la faille de l'autre – le sujet divisé –, en ne se proposant pas comme objet de résolution du manque. Tandis que le discours hystérique masculin vise le comblement de tout manque par la virilité phallique.

Dans sa version féminine, l'autre manque inévitablement à l'appel ; il est coupable de tous les manquements. L'hystérique met autrui au pied du mur de sa jouissance : « Contente-moi », dit-elle. À quoi celui-ci s'entend dire, après s'être saigné pour la combler : « Ce n'était pas ça que je te demandais. » La castration en est la vérité. Toutes ses demandes cherchent à creuser le manque chez l'autre, en le renvoyant à son incapacité à combler quoi que ce soit de son attente. Celui-ci est, partant, inévitablement un incapable, un bon à rien, un jean-foutre, en bref, un impuissant, dont la puissance phallique est menacée dans sa capacité à combler le manque. Il est réduit à n'être qu'un vaurien, un pur trou béant. Il était quelqu'un, il n'est plus rien. C'est là, le plus souvent, le complexe du troll. La numérisation de la haine est une *num-hystérisation*.

Dans sa version masculine, l'hystérique est un sauveur, son affection est rédemptrice. Ce qu'il désire, c'est le trou au cœur de l'être, le trou dans son cœur même, la petite chose fragile et vulnérable qu'il faut couver, éduquer, élever, soigner, consoler. Il faut que rien ne lui manque. C'est ainsi que, lorsque l'objet de son désir se fait la malle, il s'écrie : « Tu n'es rien sans moi. » C'est qu'il lui a donné l'existence, qu'il s'est proposé, dans sa sublime perversion, comme la version du père protecteur. Complexe de Pygmalion : il fait l'autre à son image. Il incarne la virilité totale : *Ecce homo,* « voici l'homme ». Ce complexe, on pourrait tout aussi bien l'appeler, aujourd'hui, « complexe de ChatGPT », celui du grand Autre répondant, sans manquement, à toutes les demandes adressées. Cette forme d'hystérisation peut, au reste, être également celle d'un certain *trolling*, notamment celui des Monsieurs et Madames Je-Sais-Tout. Ceux qui vous rappellent à l'ordre, en tartinant l'entièreté de leur culture, qui prennent un malin plaisir à citer des auteurs inconnus, à chercher la petite bête, à déplacer le débat vers leurs connaissances ignorées de tous, et qui, en cela, sont sûrs de gagner à tous les coups. Les connaissances secondaires, confidentielles, sont incontestables, car elles ne sont pas partagées par le sens commun qui oriente les débats.

Il faut comprendre cette haine de la faille à l'aune du « discours de la science ». Celui-ci relève, pour Lacan, de nos sociétés occidentales technicistes et capitalistes : sa forme consiste à éluder toute forme de subjectivité dans le but de faire naître un discours de l'objectivité sans reste. Le discours de la science se révèle dès lors, maximalement, dans le langage numérique (codage, algorithmes, intelligence artificielle), où la binarité du discours évite tout malentendu : si ce n'est l'un, c'est l'autre. Binarité excluante, qu'on reconnaissait déjà dans la haine aveugle du loup, dans la fable de La Fontaine *Le Loup et l'Agneau*, quand celui-ci affirmait cyniquement au dernier : « Si ce n'est toi, c'est donc ton frère. » Du point de vue informatique et électronique, la binarité répond certes du 0 et du 1, mais également du « oui » ou du « non », du « vrai » ou du « faux », du « haut » ou du « bas » ; tout cela indiquant s'il y a un courant « ouvert » ou « fermé ». Reste que cette dimension ontologique du numérique a des conséquences éthiques ou politiques. La binarité a ceci de dangereux qu'en choisissant un terme, elle exclut automatiquement l'autre qu'elle n'a pas choisi. Un terme met un terme à l'autre. Vous êtes « pour » ou « contre » ? À choisir l'un des deux, vous décidez définitivement de votre sort. Cette question articule, présentement, tout débat médiatique. La nuance – le fait de composer avec le complexe – est rendue impossible. Il en faut donc peu pour que le courant ne passe pas entre deux interlocuteurs.

Si le troll hait la faille de l'autre, c'est que, paradoxalement, il manque du manque. Son espace est saturé : saturé par les images, par les mots, par les contenus, par les conseils, par les discours culpabilisants, par la morale, par les « infaux ». Manquer du manque, c'est la manière dont Lacan, dans *Le Séminaire*, livre X[1], définissait l'angoisse. Être angoissé, c'est ne plus avoir d'espace pour son désir : l'angoisse naît de ce que l'on n'a plus rien à désirer, de ce que tout semble accompli, bouché, dans l'impasse ; d'une saturation du sens obstruant le sens des choses les plus banales. En cela, si la haine du troll vise la faille de l'autre, c'est en ce qu'il est jaloux que ce dernier puisse encore se projeter et désirer ; ce qu'il veut tuer, c'est la machine du désir d'autrui qu'il envie, son « désir demeuré désir » (René Char).

1. Lacan, *Le Séminaire*, livre X, *L'Angoisse*, texte établi par J.-A. Miller, Paris, Seuil, coll. « Points », 2004.

## Grammar nazis *: rendre fautif des fautes*

Il y a encore le *trolling* hystérique des *grammar nazis* : ces individus qui se caractérisent par un purisme linguistique et par une intransigeance à l'égard des fautes technolangagières d'orthographe ou de grammaire. Ils fouinent, vous rappellent à une conjugaison, à une faute d'accord, à une structure grammaticale bancale. Dans quel but le font-ils l'un et l'autre ? Pour accéder à une position d'autorité, au pouvoir de faire taire, de brider, de dominer[1]. Par un renversement inattendu, l'auteur est rappelé

1. Il m'est arrivé récemment un tel épisode : une personne, me contactant en messagerie privée sur Instagram, m'a écrit pour se scandaliser que dans un précédent livre des coquilles s'étaient glissées dans le texte. Photographies à l'appui, sur pas moins de 250 pages, elle en avait trouvé 8. J'étais professeur et la maison d'édition où j'avais publié était une prestigieuse maison d'édition universitaire. Comment cela pouvait-il être possible ? Qu'importent les raisons de ces coquilles (revenant, hélas, à la suppression massive des relecteurs et correcteurs), il lui fallait me les signifier. M'a-t-elle dit un mot sur le fond ? Aucun. Seules les fautes devaient être soulignées. J'étais fautif de quelque chose, et il fallait en dresser le procès-verbal ou la condamnation.

à l'ordre et le *grammar nazi* devient l'auteur de l'auteur, son relecteur et son correcteur. Mouvement dialectique bien connu de l'hystérie, où l'esclave devient le maître du maître. C'était là la formule bien connue de Lacan : « Une hystérique, c'est une esclave qui cherche un maître sur qui régner[1]. » En tentant d'inverser le rapport d'autorité, qui échoit à l'auteur habituellement (c'est son étymologie même : *auctoritas*), l'hystérique veut le subordonner à sa puissance. L'enjeu est la soumission : il s'agit de soumettre la parole du maître à son discrédit. Elle l'infériorise pour avoir et le dessus et une emprise sur son savoir. Elle méprise le sujet supposé savoir.

À l'instar de l'être-en-dette, chez Heidegger, le *grammar nazi* corrige les fautes d'orthographe pour remettre à sa place l'auteur, qui est coupable de n'être pas à la bonne. Il est un usurpateur qu'il faut déchoir de son piédestal et rappeler à sa petitesse et à son manque, que seule l'hystérique pourrait combler. Souligner les fautes d'un auteur, c'est souligner son

1. Lacan, *Le Séminaire*, livre XVII, *L'Envers de la psychanalyse (1969–1970)*, Paris, Seuil, coll. « points », 1991, p. 142.

être-en-défaut. C'est le rendre fautif et coupable de quelque chose : c'est lui renvoyer l'image de ne pas être assez. L'essence de l'hystérie est d'insatisfaire l'autre, de ne pas répondre à sa demande, en marquant en creux que, si la demande est insatisfaite, il n'en demeure pas moins que l'hystérique est la seule à pouvoir la combler. Le défaut du maître trouve sa complétude dans l'hystérique ; celle-ci comble son manque et offre la rédemption à sa culpabilité.

### *Attirer l'attention du père : les fils et la frérocité*

Le *trolling* n'est pas que la manifestation d'une psychologie individuelle. Si l'on veut comprendre celle-ci, encore faut-il s'intéresser à la psychologie de masse. Nous, postmodernes, vivons dans un monde émondé de ses grands récits (le sens de l'histoire, la patrie, le roman national, etc.), et ce deuil d'un monde évidé de ses mythes nous renvoie à la bile noire de notre propre intériorité. Quand le vide du monde intérieur rencontre celui du monde extérieur, l'angoisse apparaît. Nous sommes angoissés par la vacuité qui grandit, par le « désert qui croît » (Nietzsche). Rien est ce qu'il y a. Appelons cela l'« hainegoisse[1] ». L'angoisse haineuse ou la haine angoissée apparaissant face à cet « il y a », cette impersonnalité où l'objet s'est dissous dans le néant.

Ce qu'il s'agirait de comprendre avec ce motif d'hainegoisse correspond exactement à la chose que Nietzsche tente de cerner derrière cette croissance du désert, et que Heidegger présentait ainsi dans *Qu'appelle-t-on penser* ? :

> « Le désert croît... » Ce qui veut dire : La désolation (*die Verwüstung*) s'étend. Désolation est plus que destruction (*Zertsörung*). Désolation est plus sinistre qu'anéantissement (*Vernichtung*). La destruction abolit seulement ce qui a crû et qui a été édifié jusqu'ici. Mais la désolation barre l'avenir à la croissance et empêche toute édification. La désolation est plus sinistre que le simple anéantissement[2].

1. Je remercie mon amie Anne-Camille Beckelynk de m'avoir soufflé ce mot.
2. Heidegger, *Qu'appelle-t-on penser ?*, trad. Becker et Granel, Paris, PUF, coll. « Quadrige », p. 36-37.

La désolation est une dévastation de l'avenir : elle ne réduit pas à néant ce qui a été érigé et construit, elle rend rédhibitoire toute construction à venir. L'anéantissement, s'il annule, saccage, détruit, laisse ouverts tous les possibles. La destruction peut être créatrice, pas la désolation. Celle-ci engloutit tout, jusqu'à engloutir les vieilles valeurs de l'Occident, et les objets collectifs d'identification qui constituaient les clivages politiques classiques. Dans cette *Verwüstung*, c'est autant le passé que l'avenir qui sont réduits à rien. L'hainegoisse désignerait, dès lors, l'angoisse hostile se révélant devant le rien de ce monde désolé. Dans la destruction, il y a l'allant d'une reconstruction, la pulsion de vie succède à la pulsion de mort : la Seconde Guerre mondiale a laissé place à la réédification des villes bombardées, à un baby-boom, à la construction européenne et à la volonté d'organiser la paix. L'humanité a agi, elle ne s'est pas laissée dépérir. La vie a repris ses droits. Dans la désolation, seule naît la génération *No Future*. La destruction fait advenir le désir de reconstruction ; la désolation annihile tout désir de reconstruire. Le sujet désolé est un sujet affligé, atone, léthargique, amorphe et apathique. La passivité est son élément.

Il y a deux conceptions classiques de l'angoisse : la première se révèle devant le rien de l'existence (Kierkegaard, Heidegger), et provoque un sentiment d'inquiétante étrangeté (Freud) ; la seconde n'est pas sans objet, et se révèle comme un trop-plein venant boucher le désir, en tant que celui-ci en viendrait à manquer du manque (Lacan). Au fond, cette désolation se tient à mi-chemin entre ces deux conceptions, c'est-à-dire à mi-chemin entre le vide et le plein : elle vient au sujet qui s'affronte à cette inquiétude étrange devant le rien qui insiste dans ce monde, en tant que ce rien ne laisse de place pour rien. Le monde contemporain est sans horizon discernable. Ce qui nous attend est l'anéantissement de tous les possibles : la guerre, le réchauffement climatique. « Le manque du manque » indique ici que le monde désolé empêche tout désir, parce qu'il empêche tout avenir, et toute projection. Le sujet est comme annulé, à cet instant, dans sa dimension désirante. À l'image du monde dévasté : il n'est plus rien. À quoi bon faire quelque chose, puisqu'il n'y a plus rien à faire ?

Le nihilisme, dont il est ici question, n'est rien de plus que le renversement paradigmatique de toute la métaphysique, répondant non plus à la question « Pourquoi y a-t-il quelque chose plutôt que rien ? », mais « Pourquoi n'y a-t-il rien plutôt que quelque chose ? ». Et c'est dans ce contexte que la haine se transforme et que le troll apparaît. La haine jalouse vise le désir de l'autre : elle désire son désir. On l'envie pour sa réussite ; ou à tout le moins pour l'impression que l'on a que son désir réussit, c'est-à-dire se réalise.

Il y a désormais une autre forme de haine, plus originaire, qui est la haine, non pas d'un objet en l'autre (Qu'est-ce qui fait qu'il réussit ? Quel est son secret ? Quel est l'objet de sa jouissance ou l'objet dont je peux jouir ?), mais de l'autre réduit à son inexistence, à son lieu vide. L'autre n'est rien ; on pouvait autrefois le fantasmer, l'investir, projeter, transférer, lui prêter la confiscation ou le vol de l'objet de notre désir. Si bien que notre demande de reconnaissance n'est plus considérée par personne : l'État ne reconnaît plus nos droits ni notre volonté (déni de démocratie), l'économie non plus (manque de reconnaissance au travail et salariale), et la famille pas plus (la cellule familiale a explosé). Notre reconnaissance reste lettre morte. Ne pouvant plus être reconnu des instances collectives et traditionnelles organisant une société, le sujet demande une reconnaissance impossible. Il parle tout seul devant un ordinateur et tente d'attirer l'attention, parce que papa ne le voit pas : ni le chef d'État, ni le patron, ni son père.

*Vox clamentis in deserto* : « Une voix clame dans le désert du "désêtre" » (Lacan), ainsi que l'on dirait : « Je parle dans le vide. » Je parle, non pas pour ne rien dire, mais je parle sans que nul ne m'entende. Je parle aux murs, « dans le vent » ; et c'est cette adresse « dans le vide », cette reconnaissance à laquelle ne répond que la méconnaissance ou le mépris, qui constitue, dans certaines circonstances, le sujet haineux du *trolling*. Que le Grand Autre soit barré et que son lieu soit vide ne mène pas nécessairement à la haine. Ce trou auquel on s'adresse est d'ailleurs le ressort même de toute cure analytique. Toutefois, cette place vide où se tient l'autre peut provoquer tous les transferts, fussent-ils des transferts haineux. Du point de vue politique, cette haine – ou cette colère ressentimiste – qui n'est plus objective en s'adressant à l'autre ne trouve en lui que l'écho de rien. Il n'offre plus aucune reconnaissance objective du désir et d'une quelconque position sociale. La crise des institutions, en France, est la crise de ce que l'autre (le président, le Gouvernement, l'Assemblée) ne représente plus rien. Il ne fait plus ni autorité ni loi. Le père se meurt. Et inévitablement, sans repères, nous demandons un père au carré, un père encore plus paternaliste qu'il ne l'était déjà, un père davantage autoritaire : ainsi en va-t-il des Trump, des Poutine, des Bolsonaro, ou des Milei.

Pour répondre à son autorité, pour avoir ses faveurs et être prises en compte par lui, les sociétés ne renoncent plus à la satisfaction de leurs pulsions. Les individus partent à la guerre et vont mourir pour la patrie ; ils investissent le Capitole pour répondre à l'appel du président tout-puissant. Freud l'avait déjà aperçu dans les *Propos d'actualité sur la guerre et sur la mort* : les sociétés refoulent moins ; elles se défoulent. Pourtant, la culture (et l'État, politiquement) était une « restriction imposée à soi-même, un renoncement considérable à la satisfaction de ses pulsions[1] ». Ce que la civilisation contenait se libère désormais dans la fureur et le déchaînement les plus violents. Les États sont devenus des trolls à eux seuls constituant des armées de troll prêtes à obéir. Il y a certes une « ambivalence des sentiments[2] », faisant coexister l'amour et la haine, la vie et la mort en chaque individu, mais celle-ci achoppe, présentement, à transformer les « pulsions mauvaises », les pulsions dites « égoïstes », en pulsions altruistes et sociales. La culture n'arrive plus à pacifier nos pulsions d'agressivité, elle attise la haine et le ressentiment. C'est ainsi que le rien l'emporte sur le quelque chose ; que le chaos et l'anéantissement règnent en maîtres sur le temps ; et que l'agressivité devient aveugle de part et d'autre : chez les représentants de l'État devenus des va-t-en-guerre, les forces de l'ordre et les manifestants, ou encore les trolls, figures métonymiques de cette nouvelle haine contemporaine.

1. Freud, *Propos d'actualité sur la guerre et sur la mort*, trad. Blondel, Hansen-Love, Leydenbach, Paris, GF Flammarion, 2017, p. 47.
2. *Ibid.*, p. 56.

De ce père autoritaire, nous devenons les fils avides de reconnaissance, et pour se faire reconnaître de sa cruauté, nous devenons encore plus cruels que lui. Nous nous faisons la guerre sur les réseaux et nous guerroyons contre d'autres peuples. La horde des fils devient féroce, et la fraternité se transforme, selon le mot de Lacan, en *frérocité*. Des foules ressentimentales du Web au défoulement ressentimiste des peuples, il n'y a qu'un pas. Le père traditionnel est mort, mais le père reste mort. Et des pères de substitution occupent désormais la place vide. C'est ce que Nietzsche avait déjà aperçu dans *Le Gai Savoir* (§ 125) : « Dieu est mort ! Dieu *reste* mort (*"Gott ist tot ! Gott bleibt tot !"*). » Et qui donc le remplacera ? Un retour du religieux ? Un tyran ? En tous les cas, ce père aura une filiation et ses fils, trolls ou soldats, seront bien plus féroces que lui, car, dans la désolation, il n'y a plus d'espoir, il n'y a plus rien que l'anéantissement.

# LA SOCIÉTÉ DU TROLLAGE : LE TROLL POLITIQUE

*Le retour des fascismes*

Des néofascismes apparaissent dans le monde. C'est une thèse qui est désormais sur toutes les lèvres. Mais encore faut-il définir le fascisme pour pouvoir poser ce diagnostic. Plusieurs critères peuvent être dégagés : un nationalisme exacerbé, un culte de l'autorité (et donc du chef autoritaire), une exaltation de la violence et un appel au ressentiment, un rejet du parlementarisme, une défiance à l'égard des élites intellectuelles, un refus de la complexité articulé à un langage pauvre, une hostilité à l'égard de tout progressisme et un conservatisme glorifiant la tradition, un éloge du machisme contre toute féminisation de la société, un populisme opposant le peuple aux élites et faisant de chaque citoyen partisan une élite éclairée, et enfin un contrôle des médias et de l'information[1].

Il n'y aurait pas de mal à trouver, ne serait-ce que chez Trump, tous ces marqueurs : sa volonté de rendre sa grandeur à l'Amérique, de décider du destin du monde et de son pays en quelques décrets, son appel à combattre le poing serré, son silence quant à l'envahissement du Capitole qui venait contester l'élection démocratique de Trump, son anglais pauvre, inapproprié et réduit au minimum, sa détestation des intellectuels et des universitaires, son mépris à l'endroit des luttes pour les minorités, son amour du virilisme et sa misogynie, ainsi que sa mainmise sur les médias – *via* ses soutiens des patrons de Facebook et X – et sa diffusion très large d'infaux, tout cela, en effet, permet de dire, sans l'ombre d'un doute, que l'administration de Trump participe d'un néofascisme. Il n'est hélas pas le seul, mais il est le plus puissant de tous.

Un tel néofascisme – et c'est le cas en Hongrie ou en Russie également – n'est pas

1. On se référera pour plus de précisions au livre d'Umberto Eco, *Reconnaître le fascisme*, Paris, Grasset, 2017.

contradictoire avec la démocratie. Elle est dès lors dite « illibérale » : elle accepte encore les élections, mais le pluralisme est peu à peu réduit au bipartisme ou à une bipolarisation. L'illibéralité procède également de la restriction de toutes les libertés fondamentales : libertés publiques, individuelles, ainsi que liberté de la presse. L'État de droit est peu à peu nié au profit d'une centralisation effaçant la séparation des pouvoirs. Le plus souvent, c'est l'administration de la justice qui est d'abord visée et mise sous tutelle du politique afin d'éviter toute indépendance de celle-ci qui pourrait nuire au pouvoir en place. Toute démocratie illibérale est, en définitive, une autocratie qui assoit sa puissance par le musellement de tout contre-pouvoir.

Mais comment ces fascismes font-ils leur retour ? Quels sont leurs moyens ? Le troll ne joue-t-il pas un rôle prépondérant et décisif dans cette résurgence ? C'est ce que j'aimerais désormais aborder.

## *Influencer : l'armée des trolls*

Depuis Bernays, nous assistons à une généralisation de la propagande. Le trollage a remplacé, pour une large part, le marketing. Le support papier et télévisuel ayant été remplacé par le support numérique, la propagande a changé de canal de transmission. L'influence de l'opinion en démocratie passe désormais par des « usines à trolls », c'est-à-dire par une organisation dont le but est de diffuser massivement, et de manière coordonnée, des informations mensongères, partielles ou partiales, dans le but de manipuler l'opinion publique.

Le scandale de Cambridge Analytica (CA) en est le cas le plus connu. Facebook aurait, en effet, vendu les données personnelles de 87 millions de ses utilisateurs à cette société de traitement de data. Celles-ci ont servi à influencer les intentions de vote de millions d'utilisateurs sur les réseaux, *via* une plateforme d'intelligence artificielle dénommée Ripon. L'IA crée des profils psychographiques (terme utilisé pour décrire ces comptes qui sont générés par une IA dans le but d'influer sur la psychologie de ceux qui seront ciblés par leur contenu) qui fabriquent de l'opinion pour manipuler les usagers de Facebook. Sur votre compte, les algorithmes se chargent de vous proposer de faux comptes d'amis qui, au regard de votre profil psychologique dressé par vos données personnelles, pourront, par leurs publications, peser sur votre opinion. Soit en vous faisant voter pour telle personnalité politique, soit en vous poussant à vous abstenir. Trump a eu recours, pour son élection de 2016, à CA, ainsi que les partisans du Brexit. L'affaire, révélée par Christopher Wylie, a eu un retentissement sans précédent, amenant Mark Zuckerberg lui-même à être auditionné devant le Sénat américain. Le lanceur d'alerte canadien a même déclaré que le Brexit n'aurait jamais été possible sans ce trollage d'influence.

Les usines à trolls, très largement utilisées par les États autoritaires comme la Russie (et notamment l'Internet Research Agency – organe mondial de propagande par trollage) et la Chine, faussent désormais le jeu démocratique. Comme nous l'avons déjà vu précédemment, la démocratie se mue en datacratie. La démocratie n'est plus le gouvernement du peuple, par le peuple et pour le peuple, procédant d'esprits libres de choisir leur destin individuel et collectif, en choisissant leurs propres représentants ; non, celle-ci a été supplantée par une datacratie, où nos données nous sont volées et vendues à des sociétés de traitement et de trollage, afin d'influencer nos opinions.

Ce qui se met en place est une sorte de *numérosurveillance* ou de *numéropouvoir*, par lequel le pouvoir politique ne se définit plus par la coercition des corps, ainsi que la modernité depuis Hobbes l'affirmait, mais par l'influence des âmes, c'est-à-dire par la manipulation cognitive des sujets. Hobbes, dans sa fameuse sentence du *Léviathan*, disait que l'homme était un loup pour l'homme (*Homo homini lupus*). Il signifiait par là que le droit naturel de chaque individu sur son semblable étant illimité (vol, meurtre, etc.), celui-ci devait être restreint par une puissance supérieure, à savoir : l'État. Chaque individu, par là même, se doit de céder son droit naturel au souverain, lequel a un pouvoir absolu sur lui, afin de permettre la paix et la vie en communauté, et non pas « la guerre de tous contre tous ». Un tel pouvoir est avant tout coercitif : force doit rester à la loi. Elle contraint les corps belligérants par la force afin de maintenir la paix. « Les conventions, sans l'épée (*sword*), ne sont que des mots (*words*) et sont sans force pour mettre qui que ce soit en sécurité[1]. » Aujourd'hui, l'homme est devenu une puce pour l'homme : il transmet, sans le vouloir, en surfant simplement sur le Web, son nom, son adresse, ses goûts, ses achats, sa religion, ses hobbies, son orientation sexuelle, ses penchants et ses fantasmes, ses revenus, etc. De là s'opère ce qu'on appelle un « ciblage comportemental », afin de savoir, selon leur profil psychologique, ce qui motive le choix des individus et d'avoir du poids sur eux.

Le trollage de ces usines fonctionne par *dark post* : ces messages sont envoyés à une population ciblée afin de n'être vus que par elle. Ils ne sont pas publics : ils apparaissent sur nos pages, et disparaissent sans laisser de trace. Ces messages furtifs nous visent d'autant plus qu'ils ont été générés selon notre profilage comportemental : l'heure à laquelle ils sont postés est choisie pour correspondre à celle de notre activité

1. Hobbes, *Léviathan*, trad. G. Mairet, Paris, Gallimard, coll. « Folio », 2000, chapitre VII, p. 282.

sur les réseaux, et le contenu pour s'accorder avec nos intérêts personnels. Il y a, en somme, un Internet dans Internet : celui d'un « gouvernement invisible », ainsi que l'appelait Bernays, et qui détient le pouvoir occulte d'orienter les sociétés.

L'*astroturfing*, qui doit son nom à l'entreprise américaine de gazon artificiel AstroTurf, fait référence à l'utilisation de techniques de propagande numérique qui donnent l'impression d'un phénomène de masse spontané, alors même qu'il résulte d'une création. Il est aussi appelé « similitantisme ». On voit, d'un coup, sur le Web naître un soutien à une orientation politique, ou à une personnalité, qui n'existait pas auparavant. Les opinions positives et les assentiments poussent comme de l'herbe artificielle : de loin, cela semble naturel ; de près, tout cela est l'effet d'un trollage téléguidé et orienté.

### *L'ancêtre du troll : le saboteur de la CIA*

Un document de l'OSS (l'ancêtre de la CIA), datant de 1944 (en pleine Guerre mondiale donc), vient d'être déclassifié[1]. Il présente un manuel de sabotage à l'usage des citoyens, ayant pour but de désorganiser l'ennemi de l'intérieur par des comportements absurdes, inefficaces ou irritants. « Le but de ce document est de caractériser les sabotages simples, de décrire ses effets possibles, de présenter des suggestions pour l'inciter ou pour l'exécuter. » Aucune violence n'est demandée, il s'agit simplement de destruction de biens ou d'une destruction de l'entente entre les individus.

Les stratégies sont banales : « crever des pneus, vider les réservoirs de carburant, faire partir des incendies (...), court-circuiter des systèmes électriques, abîmer certaines parties des machines avec du mauvais matériel », etc. Voilà le kit minimal du saboteur. Mais il y a encore une autre forme de destruction possible, elle n'est plus matérielle, mais psychologique et morale. Le plan est de prendre des « décisions erronées », d'avoir une « attitude non coopérative »

1. À consulter sur : https://www.hacking-social.com/wp-content/uploads/2016/05/CIA-conseil-sabotage-social.pdf (Je remercie mon ami Mathieu Lavarenne, professeur et penseur érudit, qui m'a alerté sur ce document lors de la rédaction du présent essai.)

et d'inciter les autres travailleurs à suivre cette voie. Devenir, en somme, un agitateur public. Ainsi, le manuel stipule qu'« une mauvaise décision peut être simplement de placer des outils à un endroit plutôt qu'à un autre (...), de créer des disputes, d'encourager une ambiance maussade ou agir de façon stupide ».

« Se déterminer à faire preuve de stupidité volontaire est contraire à la nature humaine », ajoute le document de l'OSS. La bêtise est donc involontaire, il est demandé ici de jouer l'idiot, de paraître plus bête qu'on ne l'est. Le troll ne serait-il pas le descendant de ce saboteur volontairement stupide qui sape la cohésion des groupes sociaux, c'est-à-dire, aujourd'hui, des réseaux sociaux ? Dans cette version, le saboteur agit dans le monde réel, et dans celui du travail nommément ; le troll, lui, agit derrière son écran, de manière virtuelle, mais les effets n'en sont pas moins réels. Pour que le sabotage ne se transforme pas en pugilat, il est conseillé, par les renseignements américains, de « faire descendre les tensions et la peur » par « une quantité raisonnable d'humour ». Le saboteur doit détendre l'atmosphère dans le conflit qu'il a créé pour pouvoir continuer son sabotage. C'est également le cas du troll qui devient drôle pour continuer à quereller et à semer la discorde.

Cela, assure les services secrets, est un « état d'esprit » qu'il convient d'adopter. Il n'est en rien naturel à l'humain de saccager le travail des autres, l'entraide, la coopération. Chose étonnante, les USA sont, de ce fait même, quelque peu rousseauistes, pensant par-là que l'humain est naturellement bien intentionné, et davantage porté par la pitié et la pacification que par la destruction et la guerre. Je crois, au contraire, que l'être humain, ainsi qu'on l'a déjà dit, est, par essence, un saboteur. Il sabre sa vie avant de sabrer celle des autres. Il travaille contre lui-même et contre autrui. Au fond, le troll et le saboteur sont plus proches de notre nature humaine, que ne le sont les gens de bien davantage portés à l'empathie et à épauler leurs congénères.

Il n'en demeure pas moins que ce manuel résonne étrangement avec notre époque : il décrit en effet avec une exactitude déconcertante les tactiques des trolls d'aujourd'hui. La simulation de la bêtise, ou le fait de se laisser aller à notre stupidité intrinsèque, forme le plan de bataille de tout troll. Il y a quasiment une dimension martiale dans ces stratégies, une volonté orchestrée de nuire. Qu'elle soit consciente ou inconsciente, le troll est un agent toxique, ou un agent provocateur. L'agent provocateur, communément, est un policier ou une personne employée par une entité ou une autorité pour provoquer le désordre et entraîner des actes illégaux. Cette dimension de dégradation du débat public est constitutive du *trolling*. Il faut abîmer, dégrader, saccager pour créer le trouble. Si cette capacité de nuisance est déjà problématique individuellement, elle l'est encore davantage collectivement, quand elle s'attaque politiquement à l'ordre d'un État, et à sa cohésion sociale. *L'armée des saboteurs a été remplacée par l'armée des trolls.*

## *Les trolls de l'IA*

L'intelligence artificielle a totalement modifié notre rapport au monde et au vrai. Nous sommes à l'époque de la post-vérité[1]. Le nihi-

1. Cette question est abordée par Gloria Origgi dans *La vérité est une question politique* (Paris, Albin Michel, 2024).

lisme règne en maître et les valeurs qui étaient les nôtres se sont retournées en leur contraire. Le vrai, comme le savait déjà Debord, est devenu un moment du faux. Et l'IA aggrave cette inversion de la vérité en fausseté. Des photos du pape François ont ainsi circulé très largement, le représentant en doudoune blanche longue. « Le pape en Balenciaga », c'est ainsi que fut nommé ce montage. Après l'emballement de la Toile, s'émouvant d'un pape aussi « cool », on a découvert que cette photo avait été créée par l'IA. Il en fut de même pour cette prétendue photo de Rimbaud récemment déterrée, le représentant en jeune dandy, la mèche soigneusement coiffée à l'image de son célèbre portrait adolescent qui ornait nos salles de classe, le regard mélancolique, les pieds sur le pavé mouillé et brillant d'un Paris reculé. On aurait pu s'y méprendre, mais une nouvelle fois : un faux !

L'armée des trolls, que nous évoquions, est une troupe armée par l'IA et qui brouille la différence stricte entre vrai et faux, réel et artificiel. Une intelligence produite par la technique discrédite et porte atteinte à l'intelligence humaine quant à sa capacité à distinguer l'information de la désinformation. L'intelligence artificielle rend notre intelligence superficielle. Autre forme de *trolling* où l'inventivité technique humaine, comme un Frankenstein incontrôlable, dessert cette dernière jusqu'à la compromettre. Visage protéiforme du troll comme déstabilisation de toute intelligence individuelle et collective.

### *La liberté d'impression : une dictature du sentiment*

La liberté d'expression, tant louée par les patrons des réseaux sociaux Mark Zuckerberg et Elon Musk, est devenue une liberté d'impression. Les trolls expriment aujourd'hui leur impression, c'est-à-dire leur sentiment. Chose extrêmement problématique, car le sentiment peut être démenti par les faits, tout comme il se croit capable – par sa toute-puissance affective – de démentir ce qui est. La passion est plus forte que la raison ; et le mensonge met moins de temps à se dire qu'à se dédire. L'opinion est rapide et la science est lente. Ce qui fonde la démocratie – que n'importe qui puisse dire n'importe quoi – devient parfois le terreau d'une haine sans frein et d'une défiance absolue à l'égard des faits établis. La palabre devient dire-vrai. Le bavardage oiseux se fait parole de vérité. Et c'est la vanité qui l'emporte en toutes circonstances : vanité, dans tous les sens de ce terme, dans le sens de ce qui est vain et inutile, et de ce qui est vide.

Cette dictature sentimentaliste produit non seulement, ainsi que nous l'avons soutenu, une foule ressentimentale, mais également une *foule du sentiment*. Nous exprimons notre ressenti, alors même que ce ressenti est subjectif. Il relève de la croyance, et croire n'est pas savoir. Savoir, c'est tenir pour vrai quelque chose d'objectif ; croire, c'est tenir pour vrai quelque chose de subjectif. L'époque renverse saint Thomas. Nous ne croyons plus ce que nous voyons, nous voyons ce que nous croyons. Et les lunettes par lesquelles nous voyons le réel sont déformées par le ressenti qui est un démenti du réel.

Le terme de « dictature » n'est pas mauvais, en cela qu'il renvoie expressément à ce qui est dit et dicté. Notre ressentiment dicte en nous la légitimité à dire notre sentiment. Le refoulement ressentimental finit en refoulement sentimental. Notre surmoi cesse de nous censurer et se retourne en diktat. Il nous ordonne de dire « tout haut ce que l'on pense tout bas », sans avoir pour réflexe de se retenir de le dire. Or, si on le pense tout bas, c'est qu'il y a bien une raison.

Ce déni de réalité vaut pour les faits historiques, la parole politique et journalistique, mais encore pour la science. *On croit que la science ment en vertu de notre sentiment, sans savoir que notre senti ment aussi*. Autre version pour dire qu'on pense que la science nous ment parce qu'elle dément notre sentiment. Ce qui est le cas : la science est contre-intuitive. L'humanité a tenu pour véridique la loi aristotélicienne sur la chute des corps : deux corps de masse différente chutent – dans le vide – à des vitesses différentes. Avant d'être réfutée par Galilée affirmant au contraire que deux corps de masse différente chutent à la même vitesse. Loi qui dément toute observation immédiate.

*La tyrannie du ressenti mène à tous les ressentiments*. Parce que notre ressenti va à l'encontre des faits, nous doutons de la factualité. Ainsi en vient-on à opposer à la science une contre-science, à croire en la puissance des pierres, des énergies, de l'homéopathie ; ainsi en vient-on encore à réexaminer tous les faits en pensant qu'ils ont été construits en vue de nous manipuler ; que toute enquête journalistique mérite une contre-enquête farfelue et que tout travail historique doit amener à une contre-histoire de ce qui est admis par le consensus scientifique – un peu trop consensuel pour ne pas être suspect.

## *De quoi Trump est-il le nom ?*<br>*Du* gaslighting

Trump est le nom d'un trollage bien particulier. Ses effets d'annonce consistent à créer le scandale, à choquer l'opinion publique pour capter l'attention. Son élection tient, pour une part, à ce troll constant, et durant la campagne de 2016, et durant celle de 2024. Il n'y a pas de mauvaise publicité. L'essentiel est qu'on parle de lui, qu'importe si ses propos sont farfelus, fallacieux ou mensongers. Sa coupe de cheveux elle-même, son teint orangé sont à eux seuls des modes de *trolling* spécifiques qui portent à la caricature, c'est-à-dire à la diffusion massive de l'image de Trump. S'il est un piètre politique, il est un incontestable génie de la communication. Et cette manière de faire a des rejetons désormais : une armée de trolls tout entière est derrière lui et a lancé notamment sur le Web des campagnes de déstabilisation des différents candidats qui lui étaient opposés. L'ancien troll – qui visait la provocation – rencontre le nouveau troll : celui de la manipulation de masse. Ses coups d'éclat médiatiques influencent l'opinion : son populisme est une manipulation du collectif.

La parole en politique a changé : la *parrêsia,* le « dire-vrai », la responsabilité du politique quant à la vérité, a été remplacée par l'infaux. Il faut la petite phrase de laquelle on va parler, qui fera qu'on se sera à nouveau interrogé pour s'en expliquer. Il faut la controverse. Le *polemos* ne tient plus à la lutte des classes ou aux antagonismes sociaux propres à chaque société que le politique se chargerait de réduire ; non, le *polemos* s'est déplacé vers la polémique. Arme ultime du troll pour interférer dans un débat en attirant la lumière sur lui. Et Trump est le nom de ce gigantesque trollage soutenu par l'infaux et la polémique.

C'est ainsi qu'il a orchestré l'humiliation publique de Zelensky en février 2025, en lui reprochant de jouer avec la « Troisième Guerre mondiale », s'il ne se décidait pas à entrer en négociation avec Poutine et les États-Unis pour trouver un accord de paix. Après ce moment historique, Trump s'est écrié : « Ce sera un bon moment de télévision. » Comme si faire une image suffisait à justifier qu'on prenne le risque de compromettre la paix en Europe, l'autonomie d'un peuple, et la stabilité du monde. Hélas, jouer avec le feu pour faire de l'audience fait courir le risque d'un déplacement involontaire de la polémique vers la guerre. La diplomatie devant maintenir la paix par la négociation, voire la menace de sanctions économiques, a cédé le pas à une polémique qui ouvre la voie à un embrasement des relations interétatiques. Si la diplomatie est irénogène, la polémique est – comme son nom l'indique – belligène. Et la provocation du troll peut être un appel à la guerre davantage qu'à la paix.

La trumpisation du monde, largement soutenue par son premier supporter Elon Musk, est une vaste tromperie du monde. Toute chose est transformée en événement, et nommément en *événement médiatique*. Trump fait de la politique comme l'on crée une série : l'intrigue est construite à partir de péripéties, et on la suit d'épisode en épisode. Les images et les paroles ont plus de poids désormais que les actes. Quand dire, c'est faire ; ou quand faire une image, c'est agir.

En anglais, il y a le terme, difficilement traduisible en français, de *gaslighting*. Littéralement, l'« illumination au gaz » : le délire causé par l'inhalation d'un produit qui nous fait perdre les esprits et déforme la réalité. Ce concept désigne le fait de manipuler mentalement quelqu'un en lui donnant une information erronée ou fausse, afin de le faire douter de sa mémoire ou de sa perception du réel au profit de l'abuseur qui renforce là son autorité. Le *gaslighting* est donc une utilisation de l'infaux à des fins manipulatoires. Il s'agit d'immiscer le doute dans l'esprit du sujet afin de le désorienter et de se présenter comme le seul à pouvoir le guider et lui montrer le chemin et la voie à emprunter.

Ce détournement du biais cognitif, cette déréalisation, est une manipulation par inversion du monde réel. Et Trump en est maître : l'Ukraine n'est pas l'agressée, elle est l'agresseuse. Le délire d'un homme est imposé à une population. Poutine en est un autre exemple. Les gouvernements autoritaires ne doivent pas simplement être compris dans leur dimension coercitive, mais également au sens d'une création de contenus mentaux[1]. À l'époque des créateurs de contenus qui pullulent sur les réseaux sociaux, les gouvernants deviennent eux aussi des auteurs. Autorité et auteur viennent tous deux de la même racine latine : *auctoritas*. Terme qui désigne une personne influente. L'auteur est celui qui crée un univers mental qui fait autorité. Il est l'instigateur et le maître de ce qu'il invente. Le chef d'État populiste invente ainsi une réalité inversée qui constitue un peuple illuminé et délirant. Il est un influenceur surpuissant. *Le trollage est le nouvel opium du peuple.*

---

1. On retrouve ce propos dans le premier livre troll de philosophie (il a été en fait écrit par un philosophe italien – Andrea Colamedici – et avec l'aide de l'IA) : Jianwei Xun, *Hypnocratie, Trump, Musk et la Fabrique du réel*, Paris, Philosophie magazine Éditeur, 2025.

## *De la société du spectacle à la société du trollage*

Tout cela n'est pas qu'une énième déclinaison de la société du spectacle telle qu'analysée par Guy Debord dans son livre éponyme, il n'y a pas simplement une mise en scène continue de la réalité, il y a aussi une *déréalisation*. Pour Debord, la société du spectacle annonçait un monde où tout répondait d'un storytelling préparé pour scénariser le réel : on réalisait en quelque sorte le réel lui-même comme un réalisateur le ferait au cinéma. Le réel répondait d'une certaine photographie (au sens cinématographique) ; il est vu à travers le filtre d'un narratif construit et devant correspondre à la version à laquelle le public doit adhérer. La réalité devient une intrigue. « Tout ce qui était immédiatement vécu s'est éloigné dans une représentation[1]. » Le réel est médiatisé par la représentation de celui-ci. La perception représentative que nous en avons relève d'une

1. Debord, *La Société du spectacle*, Paris, Gallimard, coll. « Folio essais », 2007, p. 15, § 1.

représentation théâtrale (les Allemands ont deux mots pour différencier les deux termes : *Vorstellung* et *Darstellung*). La première est modelée par la seconde ; nous ne voyons pas ce que nous voyons, nous voyons ce que les acteurs donnent en spectacle, c'est-à-dire ce qu'ils veulent nous donner à voir.

Cette représentation (dans tous les sens du terme) est une *Weltanschauung* : « C'est une vision du monde qui s'est objectivée[1]. » C'est une grille de lecture qui décrit non seulement le récit d'où nous provenons (l'histoire au sens des sciences humaines), mais également le récit de ce qui se déroule sous nos yeux et du destin de l'humanité. Cette vision voit très loin dans le passé et dans l'avenir : elle est notre mémoire et notre projection. Elle relate les événements passés et ceux futurs. Le présent est ainsi compris à l'aune de ce passé romantisé et de ce futur conté de manière épique. C'est ce que Lyotard a appelé dans *La Condition postmoderne* « les grands récits[2] ». Une idée qui fédère les col-

1. *Ibid.*, p. 17, § 5.
2. Lyotard, *La Condition postmoderne*, Paris, Les Éditions de minuit, 2006.

lectifs en leur donnant une histoire et un avenir. Trump l'a annoncé : « *Make America Great Again !* » Les Américains furent des gagnants, ils le resteront, et Trump fera tout pour les en assurer, quitte à s'allier avec le grand ennemi du siècle passé : la Russie.

On a tort en cela de croire que ce sont les vainqueurs qui racontent l'histoire ; ce sont bien plutôt ceux qui racontent l'histoire qui sont les vrais vainqueurs. B.a.-ba de la société du spectacle. De Gaulle et le mythe du résistancialisme en est l'exemple le plus fameux : la France, selon lui, aurait très largement résisté, alors même qu'elle a collaboré dès 1940 avec Pétain et l'État de Vichy. Qu'il l'ait fait pour sauver la France d'une guerre civile qui aurait opposé ces deux camps, cela relève de son génie politique ; il n'en demeure pas moins que nous avons là l'image même d'un récit qui transforme un peuple battu en un peuple vainqueur par le pouvoir même de sa narration.

Une autre image nous renseigne sur ce paradigme où c'est le récit qui fait la victoire : celle de Trump réchappant à une tentative d'assassinat en 2024 et qui, ensanglanté, les cheveux décoiffés, miraculé d'un tir qui est passé à quelques millimètres de sa tête, se relève contre toute mesure de sécurité d'entre les morts et de ses gardes du corps, le poing levé, la bouche tordue de rage, en haranguant la foule d'un : « *Fight !* » Le cliché est historique, il sera l'un de ceux qui résumeront le XXIe siècle. Une telle photographie est déjà un récit, une mise en scène. Elle raconte la future victoire de Trump avant même que les élections aient eu lieu. Dans un pays où la religion a une place éminente, où le président jure sur la Bible lors de son investiture, réchapper à une tentative d'assassinat, là où Lincoln et Kennedy ne l'ont pas fait, est un signe divin. Trump campe le rôle du Christ. Il l'ignore, mais le terme grec qui a été traduit par « résurrection » dans les Évangiles est *anastasis*. Littéralement, « le fait de se relever ». Alors qu'il aurait dû rester à terre pour se protéger, il s'est mis debout. Et en se relevant, il a ressuscité. Il a donné l'image de sa résurrection, et avec elle de la résurrection du peuple américain à l'international : les États-Unis ne sont jamais morts, Trump en est la preuve. Il a rendu à l'Amérique sa grandeur. Il a été l'annonciateur de sa propre bonne parole. Il a été à lui seul « parole d'Évangile ». *America*

*Great Again* : au commencement était le slogan, et le slogan s'est fait chair.

Si le troll peut devenir un acteur de cette représentation du monde, il s'en différencie au sens où il ne joue pas avec le réel, il le nie totalement. *La société du spectacle est une société révisionniste ; la société du* trolling *est une société négationniste.* C'est ainsi que Trump peut affirmer qu'il n'y a pas de réchauffement climatique. Le *trolling* n'a pas tant pour but de scénariser le réel, mais de le déréaliser, de le fausser et de le nier. Même Debord, imaginant la falsification du monde, n'était pas allé aussi loin. « Dans un monde réellement renversé, le vrai est un moment du *faux*[1] », écrivait-il ; à l'heure du trollage permanent, le monde n'est pas réellement renversé, il est inversé en irréel, et l'infaux[2] – des *fake*

1. Debord, *La Société du spectacle, op. cit.*, p. 19, § 19.
2. Le biais de validation joue un rôle essentiel dans la désinformation. Le « J'aime » que nous mettons sur telle publication marque nos opinions. Les algorithmes se calquent sur celui-ci en nous présentant des contenus confirmant ce que nous pensons déjà. Ainsi en va-t-il des complotistes qui sont confirmés dans leurs théories par des publications corroborant leurs doutes. « Tu vois, je ne suis pas le seul à le penser, beaucoup en parlent et les réseaux sont inondés de telles

*news* à la tromperie généralisée de l'IA – a remplacé la vraie information. Tout ce qui s'était éloigné dans une représentation est désormais vécu comme la réalité déréalisée. Le monde, qu'on le veuille ou non, bascule dans la psychose. Et Trump est le nom de cette bascule.

## *Les trolls sont-ils genrés ?*

La réélection de Trump a marqué l'arrivée au pouvoir d'un courant masculiniste. Ce courant se définit par sa misogynie, son antiféminisme, son virilisme et son caractère androcentré et réactionnaire. Les hommes masculinistes regrettent les temps passés où l'homme était au centre de la société et du foyer et où la femme – subalterne – en était la bonne à tout faire. Ce mouvement a pour corollaire celui des Trad Wives dans lequel des femmes, en accord avec ce masculinisme, revendiquent le droit et le devoir de revenir aux valeurs traditionnelles de domesticité. Ce masculinisme

---

informations ! » Un effet bulle se crée, enfermant l'internaute dans ce qu'il croit déjà. Puisqu'il ne voit que ce qu'il croit.

est une part importante du *trolling* contemporain : les hommes cherchent querelle aux femmes en ravivant des positions réactionnaires et une distribution inégalitaire des places dans la société. La femme aurait comme place celle de la femme au foyer aux petits soins pour son mari ; et l'homme aurait comme position celle de ramener l'argent à la maison et de faire vivre la famille.

D'où viennent-ils ces trolls masculinistes ? Ils sont une réaction au mouvement #Metoo. Ces hommes, blessés dans leur virilité par un mouvement féministe qui dénonce les violences dont elles sont victimes par des mâles se croyant tout permis, ont trouvé refuge dans une idéologie réaffirmant leur puissance. La lutte des classes a été remplacée par une lutte des sexes ou des genres. La fêlure narcissique a dû être compensée par un surjeu de l'identité masculine : il faut pousser de la fonte, manger beaucoup de viande, renouer avec la primitivité du chasseur, en revenir à la cruauté qui a toujours été l'apanage du chef de tribu, reprendre un ton guerrier et se préparer à une guerre prochaine.

Il ne faut pas mésestimer – pour être juste, c'est-à-dire pour penser avec justesse – que le phénomène du *trolling* a aussi été féminin durant toute la période de #Metoo : les accusations ou les rumeurs sans autre forme de procès colportées sur les réseaux – le fameux tribunal médiatique – ont participé au ressentiment ambiant. Toute révolution a sa radicalité, mais toute révolution entraîne toujours sa contre-révolution. Et le masculinisme est la restauration de l'ordre ancien en réponse à l'angoisse et au trouble de l'identité que certains hommes ont pu ressentir intimement. S'il n'y a pas de relation de cause à effet, il y a bien une lame de fond où le néoféminisme entre en écho – et inversement – avec le masculinisme. Ce sont en tous les cas ces deux discours qui s'écharpent et s'escriment en commentaires des réseaux sociaux. Ils se répondent, parce qu'ils correspondent au même esprit du temps dont ils sont la manifestation : une fracture politique prenant alors celle d'une scission entre les genres, et une extrémisation des positions de chacun. C'est d'ailleurs toute la rhétorique trumpienne : il a fallu reprendre le pouvoir pour empêcher que le wokisme – autre nom de l'angoisse masculine à l'égard de cette révolution des mœurs – ne s'étende et ne prenne le contrôle de la société.

## *Le cheval des trolls :* trolling *d'extrême droite et d'extrême gauche*

Une telle opposition distribue également des positions politiques précises : le néoféminisme est un *trolling* d'extrême gauche quand le masculinisme est un *trolling* d'extrême droite. Le *trolling* de ces deux polarisations politiques ne se réduit pas à ces phénomènes, mais il en est une manifestation. On sait que les trolls masculinistes créent des comptes sur X qui, en apparence, paraissent réels, mais qui sont, en réalité, des faux ayant pour but de discréditer la cause féministe ou LGBT+. Plus vrais que nature, ces utilisateurs parodient leurs revendications. Une photo d'un astronaute dans l'espace, en combinaison blanche, est par exemple légendée ainsi : « Et des costumes d'astronaute aux couleurs choisies pour les personnes racisé·e·s, c'est trop demander ? » La bio du profil en question est aussi caricaturale : « Activiste/

Déconstruit/BLM/Écoféministe/LGBTQIA+ / Antiraciste/Anticolonialiste/Réappropriation culturelle malgache. »

Un tel phénomène correspond à ce qu'on pourrait appeler la « technique du "cheval de trolls[1]" », sorte de cheval de Troie permettant d'immiscer dans le débat public des polémiques qui n'auraient pas lieu d'être, afin de tendre les relations et créer le rejet de certains militants. Le cheval de Troie, en informatique, est un logiciel malveillant qui s'installe sur un ordinateur à l'insu de l'utilisateur. Le logiciel est en apparence inoffensif et authentique, mais il contient un élément d'attaque qui infecte et nuit au bon fonctionnement de l'appareil. Le cheval de trolls est dès lors de la même veine : en apparence, c'est un vrai compte (on peut penser au célèbre compte de Sardine Ruisseau sur X qui invente des déclarations farfelues prêtées à Sandrine Rousseau), mais en réalité, c'est un détournement qui vise à attaquer le

1. On pourra consulter sur le sujet et l'exemple cité l'article de Pierre Plottu et Maxime Macé, du 22 août 2022, dans *Libération* : « La méthode du "cheval de trolls" de l'extrême droite sur Twitter pour caricaturer la gauche », consulté le 24 avril 2025.

militantisme supposé de l'avatar que l'on fait parler. Il s'agit de déconsidérer le détenteur du compte pour discréditer plus généralement les idées dont il se revendique.

En cela, le troll politique, de quelque bord que ce soit, aggrave la polarisation des opinions. Le *trolling* d'extrême droite a constitué une langue qui lui est propre, une sorte de langage privé que seuls les initiés comprennent. Le terme *cuck*, qui veut dire « cocu » en anglais, est par exemple utilisé pour stigmatiser les hommes blancs qui ne seraient pas assez radicaux, et dès lors jugés trop mous quant à leurs prises de position qu'on attendrait plus conservatrices. Au fond, celui qui est traité de « *cuck* » est un fragile, un mâle bêta. Il est renvoyé à l'imaginaire de la pornographie, à savoir le mari blanc qui voit sa femme coucher avec un Noir. Tout l'imaginaire raciste de l'humiliation de l'homme blanc par l'homme noir est véhiculé. On va jusqu'à sous-entendre, comme dans certains milieux d'extrême droite français, que le cocu est un candaule, c'est-à-dire adepte du candaulisme qui consiste à exposer sa compagne à la vue d'autres hommes, à la partager ou à l'échanger avec eux. Le *cuck* jouirait ainsi de cette position de soumission, où il perdrait toute sa virilité en ne « tenant » pas sa femme.

Pour contourner les modérateurs du forum du site jeuxvideos.com, les utilisateurs ont remplacé, il y a quelques années, les termes « arabe » et « noir » par « arbre » et « noix ». Tandis que la sextuple parenthèse entourant un « (((nom))) » signifie que cette personne est juive. Avec ces jeux de langage, c'est la modération qui est contournée afin de pouvoir dire tout haut la haine que l'on pense tout bas.

Il y a chez le troll d'extrême droite, si l'on devait en faire la typologie, une angoisse devant la possibilité d'un déclassement, d'une humiliation. L'autre le menace. N'importe quel autre. Or qui peut être plus autre dans son altérité que l'étranger ? Par définition, l'étranger est celui qui ne nous ressemble en rien, qui est tout autre. Et cette altérité radicale vient fragiliser nos certitudes, ce n'est pas simplement le pain qu'il va venir nous voler de nos bouches, mais nos emplois, nos femmes, nos filles. Il y a toujours dans l'ethos de l'extrême droite une insécurité narcissique (et phallique pour les hommes) fondamentale. En cela, l'obsession politique de l'insécurité – climat qui serait palpable jusque dans nos rues – est une métonymie de cette insécurité subjective et ontologique. C'est parce que l'électeur d'extrême droite est insécurisé quant à ce qu'il est, quant à sa place dans la société, quant à la reconnaissance qu'on lui doit, qu'il vit toute chose comme l'insécurisant davantage. Il dénigre ainsi pour se sécuriser. C'est en cela encore qu'il en appelle à une hiérarchisation stricte de la société et à un pouvoir fort, voire autoritaire, pouvant faire respecter les règles sans lesquelles tout n'est que peur. C'est quand on n'a aucun pouvoir que l'on fantasme le pouvoir ; et c'est quand on n'a aucune place reconnue dans la société qu'on rêve d'une hiérarchie dans laquelle enfin on pourrait en avoir une. Le troll d'extrême droite désire le Léviathan.

Le troll d'extrême gauche, lui, a des ressorts psychologiques différents. Il y a, chez lui, un sentiment romantique et adolescent, où le choix revient à ce dilemme exclusif et radical : l'absolu ou rien. La blague fameuse est en ce sens à propos : « À 20 ans, si on n'est pas de gauche, c'est qu'on n'a pas de cœur ; à 40, si l'on n'est pas de droite, c'est qu'on n'a pas de cerveau. » Le troll d'extrême gauche est mû par ce que Hegel appelait « la loi du cœur ». Quiconque ne se tient pas dans cet idéal n'est rien. « L'anticommuniste est un chien », disait Sartre. Le troll d'extrême gauche est dans le camp du bien et tire de cela une certaine supériorité morale qui lui permet d'adopter un ton sarcastique et de dénoncer toutes les formes de pouvoirs et de dominations illégitimes. Cette radicalité ne tient pas à une structure narcissique affaiblie (on sait que les opinions d'extrême gauche sont majoritairement partagées par la classe moyenne supérieure, cultivée, voire aisée, et reconnue par la société), mais au besoin de s'opposer à une autorité (parentale ou sociale). Le troll d'extrême gauche est un rebelle, et sa rébellion s'exerce sur toute forme de puissance ou de tutelle. Il ne s'attaque donc pas aux petites gens, aux immigrés notamment, mais aux puissants, qu'il aimerait rendre impuissants : la police, l'État, le patriarcat, le capitalisme, etc. À l'extrême gauche, on déboulonne les statues, on brise les idoles, on déchoit les rois. À bas l'État policier ! Haro sur le Léviathan ! Il s'agit de montrer qu'en tout grand il y a du petit. La violence de ce trollage est de dénarcissiser, de rendre impotent, de tuer symboliquement. Il s'agit de violenter toutes les violences réelles ou symboliques, voire de terroriser, car la Terreur en est consubstantielle. On paye comme on peut sa dette au père qui nous a faits et dont on a hérité, financièrement, peut-être, culturellement au moins. Le plus souvent, ce sont les héritiers qui se révoltent contre l'héritage[1]. Il faut avoir été soumis à l'ordre bourgeois pour être un insoumis.

Résumons. À l'extrême droite, le troll se sécurise ; à l'extrême gauche, le troll insécurise. Dans le premier cas, il s'agit d'une compensation narcissique (voire phallique) ; dans le second cas, c'est une castration. Ce n'est donc pas la même violence qui opère. L'un toutefois est l'envers de l'autre. Le troll d'extrême droite fantasme le respect de la hiérarchie, car il ne se sent respecté de personne, il est comme piétiné par la société elle-même qui favorise tout le monde – les étrangers et les assistés – sauf lui ; quand le troll d'extrême gauche exècre cette

1. Aucun (ou peu) des grands révolutionnaires, de Robespierre et Danton à Che Guevara, en passant par Lénine, n'était issu du peuple. Même Trotski était issu de la paysannerie « aisée ».

hiérarchie par une sorte de culpabilité à l'égard de la place qu'il occupe et qu'il juge illégitime : c'est le fameux syndrome de l'imposteur. L'un et l'autre se croisent dans l'ascenseur ; ils voudraient chacun échanger leur position sociale. Le mal né voudrait être bien né, et le bien né désirerait être moins bien né. Le premier a la haine des autres, le second la haine de soi[1]. C'est ainsi que le premier glorifie le pouvoir et la hiérarchie, quand le second exècre d'y goûter sans penser les mériter. L'un croit au mérite, quand l'autre se demande : « Quel est le mérite de mon mérite ? »

---

1. Pasolini résume très bien notre propos dans un poème (*Poésies, 1953-1964*, Paris, Gallimard, coll. « Poésie/ Gallimard », trad. José Guidi, 2005, p. 27) : « et s'il m'advient/ d'aimer le monde, ce n'est que d'un violent/ et naïf amour sensuel,/ tout comme, adolescent incertain, autrefois,/ je l'ai haï, quand me blessait en lui, bourgeois,/ mon propre mal, bourgeois ».

# CONCLUSION
## TROLLER LES TROLLS

Imaginez que nous puissions troller les trolls, que nous arrivions à voir par la fenêtre de leur logement ou par leur écran qui ils sont vraiment, pouvant en temps réel voir l'affichage des sites qu'ils consultent, piratant leur webcam, épiant leurs faits et gestes derrière leur bureau, dans les transports, au fond de leur lit ou sur le canapé. Je crois qu'on en rirait. Il y aurait déjà la frustration, la consultation répétitive de sites pornographiques entre deux recherches frénétiques de contenus les mettant hors d'eux ; et l'expulsion de cette frustration, son extériorisation. La pornographie ne fonctionne qu'ainsi. Il s'agit de faire retomber les tensions internes qui sont autant de désagréments. Le troll a dû s'abreuver de choses, de photos qui l'ont mis dans un état pas possible : il a vu passer sur son écran – pire encore, il l'a cherché, il a cherché à se faire du mal – des gens qui ont réussi sans le mériter, des vies qu'il n'aura pas, des grands restaurants, des vacances à l'autre bout du monde, une existence paradisiaque ; des intellectuels qui font la leçon et se croient supérieurs ; des influenceurs qui deviennent millionnaires en étant bêtes et incultes ; mais encore des politiques qui se croient plus malins que les autres, et tout permis, et au-dessus des lois. Alors il a balancé des saloperies, ça l'a réjoui pendant un temps, mais ça ne lui a pas suffi. Le ressentiment est resté, et la frustration, il l'a en travers de la gorge. Navigation privée – ou même pas –, site porno, l'affaire est faite. Le voilà soulagé : ne pouvant se caresser de l'intérieur comme tous ces satisfaits, il s'est fait plaisir autrement. C'est cathartique, le porno. Et comme le troll est un grand frustré…

Par le petit trou, on le voit triste, il n'a pas d'âge, pas de genre particulier, ni d'origine, ni de religion, ni de couleur de peau, ni de morphologie particulière. L'œil est toutefois sec, il porte sur son visage une blessure qu'il incarne tout entier. Laquelle est-ce ? On ne le saura peut-être jamais : un petit pain volé à la récréation – ou était-ce son jus ? –, le gamin populaire du bahut qui l'a ridiculisé devant la fille qu'il aimait, un garçon dont elle était l'amoureuse secrète et qui a fini avec sa meilleure amie, des moqueries répétées sur les goûts vestimentaires qui n'étaient pas les siens mais ceux de sa mère qui l'habillait, ou le sentiment d'avoir été impuissant devant toutes ces situations ? C'est peut-être plus grave, et ce serait moins drôle. Il n'en demeure pas moins que quelque chose a touché sa fierté et qu'il s'est juré que cela n'arriverait plus, qu'il serait non plus celui qu'on humilie mais celui qui humilie. Le faible deviendra le fort. La dialectique est toutefois biaisée, car dès le départ l'affront subi était petit et mesquin : le reproduire, c'est reproduire cette médiocrité même. Il se rabaisse à cette bassesse même.

Le logement lui non plus n'a pas de configuration singulière : il peut être celui d'un maniaque ou de quelqu'un atteint du syndrome de Diogène. Ce qui est sûr, c'est que son intérieur à lui, son intimité psychique, est un sacré bordel. Tout n'est que fouillis : il ne s'y retrouve plus, car il ne s'est jamais trouvé. Si le troll s'était trouvé – je parle ici du *hater*, bien sûr, non du joyeux luron –, il n'en voudrait pas à quiconque réalise le début du commencement de son désir. Comme c'est le bordel audedans de lui, il fout le bordel sur les réseaux. Son capharnaüm intérieur lui met le cafard. Il a des nœuds à la tête, alors il en fait aux autres.

C'est un drogué. Il n'est pas un consommateur de drogues – encore que peut-être –, mais il est drogué à tout ce qu'il déteste. Il se fout de ses goûts, ce qui le fait jouir, c'est ce qui n'est pas de son goût. Il part donc à la recherche de tout ce qui le dégoûte. *Son moteur de recherche est le moteur de sa haine.* Il va à ce qui le frustre comme le bon vivant va à tout ce qui le réjouit. Il a besoin de nourrir sa frustration, c'est son carburant. Il en est qui marchent à la détestation. On le sait tous d'expérience : les mauvaises personnes vivent souvent plus longtemps que les bonnes. Si les meilleurs partent les premiers, c'est donc toujours les pires qui restent. La haine est un puissant revigorant. Ça peut animer toute une vie et donner une raison d'être. Le retraité aigri du palier d'en face, qui râlait quand la musique était trop forte, quand les enfants criaient en jouant dans la cour ou quand ils couraient dans les escaliers des communs, ce retraité-là, cette Tatie Danielle, a muté, et il ne pique plus simplement des colères en réaction à un stimulus désagréable, il cherche le mauvais stimulus pour pouvoir s'énerver. Comme pour toute drogue, le plaisir du commencement devient une dépendance, la haine une habitude.

L'écosystème du troll se situe dans ses algorithmes : ce sont eux qui constituent le terreau dans lequel il pousse. Et chaque publication qui consolide sa croyance ou sa haine, par le biais de la validation de cet environnement, l'arrose et fait grandir son ressentiment. La mauvaise herbe, on le sait, s'implante partout et s'étend facilement. Il jardine même pour ensemencer davantage et créer des pousses sans tuteurs. Mais c'est paradoxalement en raison de cet écosystème particulier que le troll pollue et empoisonne le Web : il est toxique pour toute la circulation d'informations qui pourraient venir nourrir et irriguer le débat public et l'esprit critique. Son but, volontaire ou non – car la haine est souvent plus forte que nous –, est de saloper les communs. Le troll est le plus grand pollueur virtuel.

Sa généalogie est claire : il est le petit-fils du ragoteur des cafés. Sauf que lui n'a pas à répondre de ses dires, personne – en vrai – ne viendra lui demander des comptes, personne ne saura où le trouver pour s'expliquer : il est déresponsabilisé et délocalisé. Avant les relations réelles empêchaient d'aller trop loin de peur d'être confronté, aujourd'hui le virtuel ouvre la voie au sans-limites. On peut dire tout et n'importe quoi, on ne sera jamais inquiété. C'est ainsi que le manque de courage est sa marque de fabrique. Il ne vous dirait pas en face ce qu'il vous dit caché derrière son écran. L'anonymat le protège. La trouille l'empêcherait de parler. Le manque de confiance en soi aussi. Il ne se sent sûrement pas légitime sur le marché de la parole, où parfois son pouvoir symbolique est moindre relativement à son interlocuteur. La violence des inégalités sociales construit – il ne faut pas l'ignorer – un ressentiment qui éclate sur Internet, et dont la forme canonique est désormais le populisme dénigrant les élites et exaltant le bon sens populaire.

Juger est une seconde nature pour le troll. Il vous guette, vous épie, vous surveille ; il se vit comme un espion et il a accepté la mission de vous observer ; cela fait bien longtemps qu'il mène une enquête, qu'il se renseigne sur vous pour être prêt à sortir du dossier d'instruction une vieille capture d'écran qui montrerait la preuve irréfutable de votre bassesse et de votre médiocrité. Vous êtes un suspect idéal, un futur condamné. Vous êtes en garde à vue depuis des semaines, des mois, voire des années. Les charges sont inévitablement contre vous. Le couperet tombe. Votre condamnation tient en un *screen* ou en un tweet de quelques centaines de caractères. Le fil de votre vie se confond avec son fil de notifications.

Si l'on peut se permettre de lier le biographème au philosophème, la vie au concept, je raconterais dès lors bien volontiers une histoire qui m'est arrivée. Courant 2024, un troll a décidé de me prendre pour cible sur Facebook. Insultes, diffamations : le lot classique pour un troll normal. Sa photo d'avatar ? Un orang-outan. Le troll avance masqué. Comme tout animal, il se nourrit de sa proie. Je l'ai bloqué, il revenait malgré cela sous d'autres pseudos.

Je le bloquais encore. Rien n'y faisait. Il traquait mes publications, harcelait mes contacts en privé, leur racontait que lui et moi étions de mèche, que nous jouions avec leur esprit pour les rendre fous. Certains lui ont tenu tête. Il les a alors menacés… et moi aussi. Accusé de harcèlement par mon propre harceleur, j'ai fini par fermer ma page au public.

Mais cet individu fréquentait le même quartier que moi ; quartier où nous avions, tous deux, nos habitudes, et notamment les mêmes bistrots. Je n'avais qu'une idée en tête : le recroiser pour avoir une explication avec lui. Pourquoi, alors que nous buvions le coup autrefois, que nous levions le coude ensemble, était-il devenu agressif et infamant ? Quelques habitués m'avaient mis en garde : « Fais attention, il est fou et violent. » Il en avait donné quelques preuves sur les réseaux. Et puis un soir, au comptoir, la nuit déjà tombée, je le vois entrer dans l'établissement où je me trouve avec des amis. Je m'approche, lui saisis la nuque, colle mon front au sien, et lui dis : « Alors, toujours aussi en forme que sur Facebook ? » *Rires gênés, bien que complices.* « Mais je t'aime, moi… C'est les autres, pas toi… Moi, je t'aime, tu le sais bien… » Le troll est lâche, on s'en doutait ; mais il vous aime, c'est pour cela qu'il vous déteste.

Si j'ai tenté ici d'élucider ce phénomène, c'est qu'il m'est profondément étranger. On peut bien tenter de discuter sur les réseaux, mais pourquoi donc insulter, dénigrer, rabaisser ? Comment peut-on imaginer que cela pourrait modifier ne serait-ce qu'un peu le comportement, la pensée, l'opinion ou la croyance de quelqu'un ? On ne change personne sur le Web, on le prend comme il est ou on passe son chemin. À l'instar de Philinte dans *Le Misanthrope* de Molière : « Je prends tout doucement les hommes comme ils sont :/ J'accoutume mon âme à souffrir ce qu'ils font. »

Il est beaucoup plus simple de commenter que de faire. C'est ainsi que j'ai un immense respect pour tous ceux qui tentent, qui essayent. Qu'importe s'ils ratent, ils s'y sont risqués. Je n'ai dès lors rien à leur dire, aucune remontrance à leur opposer. Même les écrivains de gare, pour prendre l'exemple de l'écriture qui m'est chère, largement moqués dans le milieu littéraire, je les respecte. Parce que je sais ce que ça coûte d'écrire. Qu'importent leur style, facile à lire ou superficiel, les clichés, les poncifs, le vu et le revu, ils auront eu l'audace de soulever la plume, d'ouvrir leur ordinateur, de s'activer, d'allumer les lumières, de mettre en branle leurs esprits, de faire avec leurs mains. De commencer, donc : forme ultime de la liberté et du courage. Le critique juge, parfois même préjuge ; mais sa main ne fait que faire tomber la sentence, elle n'invente pas. Voilà pourquoi j'éprouverai toujours plus d'estime pour ceux qui font que pour ceux qui défont.

Le troll, dans sa solitude morne, ne trouve de preuve de son existence que dans l'anéantissement des autres. Plus il hait, plus il est. C'est pourquoi plus les autres sont inexistants, plus il existe. Et dans ce monde saturé d'images et de bruits, celui qui crie sa haine le plus fort est le plus en vue et a toujours le dernier mot. Un jour viendra où la seule chose qu'il heurtera, ce ne seront plus nos consciences, mais un mur d'indifférence. Il hurlera sa haine et nous soupirerons à ce que nous entendrons comme un grincement de porte. Il déversera sa haine sans que personne ne boive ses paroles. Le troll voulait scandaliser le monde, il l'a peut-être seulement ennuyé. Ah, si seulement, cher troll, tes parents t'avaient aimé !

# TABLE DES MATIÈRES

## LA SOCIÉTÉ DU TROLLAGE : LE TROLL POLITIQUE

Cet ouvrage a été achevé d'imprimer
par NRI à Lonrai en août 2025
Numéro d'impression : 2503621
Dépôt légal : octobre 2025
Imprimé en France